AZ VÉGSŐ ÚTMUTATÓ A GOMBÁK FŐZÉSÉHEZ

FEDEZZE FEL A GOMBÁK ELKÉSZÍTÉSÉNEK
FINOM MÓDJAIT 100 ELKÉPESZTŐEN EGYSZERŰ
ÉS FINOM RECEPT

ZSOLT GÁL

Minden jog fenntartva.
Jogi nyilatkozat

TARTALOMJEGYZÉK

TARTALOMJEGYZÉK 3
BEVEZETÉS 6
FEHÉR GOMBOS GOMBA 8
1. SZÓJA ÉS SZEZÁMMAGOS BBQ GOMBA 9
2. GOMBÁS SALÁTÁSTÁL TOJÁSSAL 11
3. VIETNAMI GOMBA-TÉSZTA SALÁTA 14
4. FÜSTÖS GRILLGOMBA LENCSÉVEL 17
5. GOMBA ÉS VÖRÖS KÁPOSZTA SALÁTA 20
OROSZLÁNSÖRNYES GOMBA 23
6. LION'S MANE QUICHE 24
7. LION'S MANE GRAVY 26
8. MELEG SALÁTA OROSZLÁNSÖRÉNY GOMBÁBÓL 28
9. OROSZLÁNSÖRÉNY RÁK TORTÁK 30
10. SERPENYŐBEN SÜLT OROSZLÁNSÖRÉNY GOMBA 33
11. SÜLT OROSZLÁNSÖRÉNY GOMBA. 36
12. OROSZLÁNSÖRÉNY SONKA ÉS SAJT OMLETT 39
13. OROSZLÁNSÖRÉNY „RÁK" SÜTEMÉNYEK 42
14. OROSZLÁNSÖRÉNY FILÉ 44
15. LION'S MANE CLARITY LATTE 46
16. OROSZLÁNSÖRÉNY "HOMÁR" TEKERCS 48
17. OROSZLÁNSÖRÉNY PALACSINTA 50
SHIITAKE GOMBÁK 52
18. BURGONYA ÉS VADGOMBA GRATIN 53
19. MAGYAR GOMBALEVES 55
20. TÖLTÖTT GOMBA 57
21. CSIRKEGOMBA FAJITAS 59
22. NAGY GOMBALEVES 61
23. KUKORICA ÉS SHIITAKE FRITTERS 63
24. SHIITAKE-GOMBÁS RIZOTTÓ 65
25. SÜLT SHIITAKE GOMBA 67
26. MELEG SHIITAKE-ÁRPA SALÁTA 69
27. ROPOGÓS ÉS RÁGÓS SZEZÁMMAGOS SHIITAKE 71
28. MAKKTÖK ÉS ERDEI GOMBA 74
29. VADON ÉLŐ ÉS EGZOTIKUS GOMBÁK LASAGNE 76
30. BBQ KACSA ÉS ERDEI GOMBÁS QUESADILLA 79
31. ERDŐGOMBÁVAL TÖLTÖTT ZSEMLE 81
32. LAPOSHAL ERDEI GOMBÁVAL ÉS SPENÓTTAL 84
33. KRÉM GOMBÁBÓL ÉS VADRIZSBŐL 87
34. CSIRKELEVES, GOMBA ÉS MACESZGOLYÓ 90
35. VEGYES GOMBA BANH MI 94
36. TÖLTÖTT SHIITAKE 97

ENOKI GOMBA 99

37.   ENOKI GOMBA KEVERJÜK FRY 100
38.   PÁROLT ENOKI GOMBA 103
39.   ENOKI GOMBALEVES 105
40.   ENOKI GOMBA MASALA 107
41.   ENOKI GOMBA TOFUVAL 110
42.   ENOKI LEVES 113
43.   HALÁSZLÉ ENOKI GOMBÁVAL 115

OSTIGAGOMBÁK 118

44.   LASKAGOMBA MÁRTOGATÓS 119
45.   RUKKOLA SALÁTA ÉS OSZTRIGAGOMBA 121
46.   TÉSZTA GOMBÁVAL ÉS GREMOLATÁVAL 123
47.   BROKKOLI-GOMBÁS VEGYES 126
48.   ZÖLD GANGANELLI LASKAGOMBÁVAL 128
49.   GYÓGYNÖVÉNYBEN PÁROLT LASKAGOMBA 130
50.   LINGUINE LASKAGOMBA SZÓSSZAL 132
51.   LASKAGOMBA LEVES 135
52.   LASKAGOMBA LINGUINIVEL 137
53.   PÁCOLT LASKAGOMBA CHILIVEL 139
54.   PÁROLT LASKAGOMBA 141
55.   SÜLT TENGERI KAGYLÓ ÉS LASKAGOMBA 143
56.   PISZTRÁNG SHITAKIVAL ÉS LASKAGOMBÁVAL 146
57.   FA LASKAGOMBA GYÖMBÉRLEVES 148
58.   VÍZITORMA ÉS LASKAGOMBA LEVES 150

SVÁJCI BARNA GOMBÁK 152

59.   KARFIOL PALACSINTA GOMBÁVAL 153
60.   VEGA RIZZSEL ÉS GOMBÁVAL TÁPLÁLÓ TÁL 155

MORELS 157

61.   LAZAC ÉS MORZSÁK 158
62.   HÁZI KÉSZÍTÉSŰ GOMBALEVES KRÉM 160
63.   MOREL TÉSZTA 162
64.   KÖNNYŰ CSIRKE ÉS MORZSA 164
65.   RÁKKAL TÖLTÖTT MORZSA 166
66.   RÁNTOTTA MOREL TOJÁS 168
67.   SPÁRGA ÉS MORZSA 170
68.   SAJTTAL TÖLTÖTT MORZSÁK 172
69.   MORZSA LISZTTEL 174
70.   SERPENYŐBEN SÜLT MORZSA 176
71.   MORZSA VAJBAN 178
72.   MOREL GOMBASZÓSZ 180
73.   MOREL SÓS KEKSSZEL 183
74.   MORZSA ZSEMLEMORZSÁVAL ÉS PARMEZÁNNAL 186
75.   SERPENYŐBEN SÜLT MORZSA 188

PORCINI GOMBA 190

76. VARGÁNYÁVAL DÖRZSÖLT STEAKEK 191
77. SZÓJÁVAL PÁCOLT GOMBA 193
78. GOMBA CALZONE 195
79. SPÁRGA ÉS MORZSA VINAIGRETTE-BEN 198
80. KÉKSAJT ÉS ERDEI GOMBA 200

GESZTENYEGOMBÁK 202

81. GOMBÁS ÉS PÓRÉHAGYMÁS KENYÉRPUDING 203
82. GESZTENYE ÉS ERDEI GOMBA 206
83. ROGÁN GOMBA 208

CREMINI 211

84. CRIMINI GOMBA CROSTINI 212
85. CRIMINI ÉS SÁRGARÉPA PÁC 214
86. GOMBA "RISOTTO" FETÁVAL 216
87. GOMBÁS RÉTES 218
88. GOMBALEVES KRÉMES 220
89. CRIMINI GOMBÁS RAKOTT 222
90. LINGUINE GOMBÁVAL ÉS SZÓSSZAL 224
91. GOMBÁS SPENÓTOS TÉSZTA 226

PORTOBELLO 229

92. PORTOBELLO GOMBALEVES 230
93. PUFFASZTOTT GOMBÁS OMLETT 232
94. SÜLT PORTOBELLOS ROMÁN 234
95. GRILLEZETT PORTOBELLO STEAKEK 236
96. REGGELI PORTOBELLOS SHIITAKES 238
97. CSIRKE MADEIRA PORTOBELLOVAL 240
98. PADLIZSÁN ÉS PORTOBELLO LASAGNA 243
99. GOMBÁS STEAK SZENDVICS ÉS PESTO 246
100. GRILLEZETT PIZZA BIANCA PORTOBELLOS 248

KÖVETKEZTETÉS 251

BEVEZETÉS

Fehér gomba gombaegy ehető gomba, amelynek két színe van, míg éretlen – fehér és barna –, mindkettőnek különböző nevei vannak. Érett állapotban Portobello gomba néven ismert. A fehér gomba éretlen és fehér fajta. A gombafajták közül ez a leggyakoribb és legenyhébb ízű.

Krimini gombamás néven Cremino gomba, svájci barna gomba, római barna gomba, olasz barna gomba, klasszikus barna gomba vagy gesztenyegomba. A Criminis fiatal portobello gomba, bébi portobellóként is árulják, és ezek csak érettebb fehér gombák.

Portobello gombaMás néven: mezei gomba, vagy nyitott sapkás gomba. A Portobello gomba sűrű textúrájú és gazdag ízű. Olaszországban szószokhoz és tésztákhoz használják, és remek húspótló. Illetve, ha zsemlepótlót szeretne, használhatja a gomba lapos sapkáját is. Tökéletesek grillezéshez és töltelékhez.

Shiitake gombaMás néven: Shitake, fekete erdő, fekete tél, barna tölgy, kínai fekete, fekete gomba, keleti fekete, erdei gomba, arany tölgy, Donko. A shiitake enyhe fás ízű és aromájú, míg szárított társai intenzívebbek. Ízletesek és húsosak, és felhasználhatók húsételek tetejére, valamint levesek és szószok ízesítésére. A shiitake frissen és szárítva egyaránt megtalálható.

laskagombaa világon a leggyakrabban termesztett ehető gombák közé tartoznak. A királytrombita gomba a laskagomba nemzetség legnagyobb faja. Főzésük egyszerű, és finom és édes ízt kínálnak. Főleg rántásra vagy pirításra használják, mert egyenletesen vékonyak, így egyenletesebben sülnek át, mint a többi gomba.

Enoki gomba frissen vagy konzervben kaphatók. A szakértők azt javasolják, hogy a friss enoki példányokat szilárd, fehér, fényes kupakkal fogyasszuk, ne pedig a nyálkás vagy barnás szárúakat, amelyeket legjobb elkerülni. Nyersen is jók, és gyakoriak az ázsiai konyhában. Mivel ropogósak, jól megállják a helyüket a levesekben és jól passzolnak salátákhoz, de más ételekhez is használhatjuk.

Rókagomba narancssárga, sárga vagy fehér, húsosak és trombita alakúak. Mivel nehéz őket termeszteni, a rókagombát általában a vadonban keresik. Egyes fajok gyümölcsös illatúak, mások fásabb, földes illatúak, mások pedig akár fűszeresnek is tekinthetők.

Vargánya gomba a portobellohoz hasonló húsos gomba, a vargánya az olasz konyhában gyakran használt gombafajta. Ízét diósnak és enyhén húsosnak írták le, sima, krémes állagú, jellegzetes, kovászra emlékeztető aromájú.

Shimeji gomba mindig főzni kell: a kissé kesernyés íze miatt nem jó nyersen tálalni. Keserűsége főzéskor teljesen eltűnik, a gomba íze enyhén diós lesz. Ez egyike azon gombafajtáknak, amelyek jól használhatók rántott ételekben, levesekben, pörköltekben és szószokban.

Morel gomba sapkájukon méhsejt megjelenésű. Az ínyenc szakácsok nagyra értékelik a morzsákat, különösen a francia konyhában, mert rendkívül ízletesek és finomak

FEHÉR GOMBOS GOMBA

1. Szója és szezámmagos bbq gomba

Hozzávalók

- 4 nagy fehér mezei gomba
- 2 bok choy, hosszában félbevágva, alaposan megmosva
- 400 g sült tofu, vastagon szeletelve

Pác:

- 2 evőkanál szójaszósz
- 1/3 csésze méz 3 evőkanál limelé 1/2 teáskanál chili pehely
- 2 gerezd fokhagyma, felaprítva

Díszek:

- Koriander levelek
- Pirított szezámmag
- Lime ékek

Útvonalak

a) A pác elkészítéséhez keverje össze az összes hozzávalót. Pácold be a gombát a pác 3/4 részében, kb. 15 perc.

b) Helyezze a gombát, a bok choy-t és a tofuszeleteket egy nagy tálcára, és öntse le a pácot, ügyelve arra, hogy a gombák jól bevonják.

c) A barbeque-t erős lángon felhevítjük, és addig grillezzük a gombát, amíg összeesik, de még kemény tapintású.

d) Helyezze a gombát a maradék pácba, és ismét bevonja a gombát. Félretesz, mellőz. Folytassa a tofu és a bok choy grillezését, mindkét oldalon 2-3 percig.

e) Egy nagy tálra vagy deszkára helyezzük a bok choy-t, vágott oldalukkal felfelé a tofuval és a 4 nagy gombával együtt. Megszórjuk szezámmaggal és korianderrel, és lime-karikákkal díszítjük.

2. Gombás salátástál tojással

Hozzávalók

- 500 g fehér gomba, tisztára törölve
- 1 cukkini szalagokra szeletelve (hámozóval)
- 4 kis-közepes cékla, tetejét eltávolítjuk
- 1-2 evőkanál cukor
- 1 teáskanál só

Díszek:

- Friss fűszernövények menta, bazsalikom, petrezselyem vagy kapor
- Fekete szezámmag Citrom arc
- 1 doboz csicseriborsó, lecsepegtetve
- 4 tojás 100 grammos rakéta
- 1 avokádó
- 2 evőkanál olívaolaj
- Só, bors
- Grillezett lapos kenyér, tálaláshoz

Pác:

- 4 evőkanál EV olívaolaj
- 2 evőkanál érlelt balzsamecet
- 1 teáskanál dijoni mustár Só, bors Maréknyi tépett bazsalikomlevél
- Ecetes sárgarépa: 200 g sárgarépa, meghámozva és zsugorítva
- 1 csésze víz
- 1/2 csésze fehér ecet

Útvonalak

a) A sütőt előmelegítjük 180°C-ra. Helyezze a céklát egy nagy darab fóliára, csepegtesse meg olívaolajjal, sóval, borssal, és csomagolja ki. Sütőtálcára tesszük, és addig sütjük, amíg a cékla meg nem fő.

b) Hagyjuk kihűlni. Hámozzuk meg a cékla bőrét, és szeleteljük negyedekre vagy nyolcadokra. Tegyük félre egy tálba, és csorgassuk meg még egy kevés olívaolajjal és extra fűszerekkel.

c) Közben a tojást forrásban lévő vízben 7 percig főzzük, majd hideg folyóvíz alatt frissítjük. Hámozzuk meg és tegyük félre.

d) A gombás páchoz keverjük össze az olívaolajat, a balzsamecetet, a mustárt, a sót és a borsot. Hozzáadjuk a felszeletelt gombát és a bazsalikomot, és jól bevonjuk. Félretesz, mellőz.

e) 4 sekély tálat használva tálaljuk. Kis csoportokban tegyük a tálak belső széle köré a csicseriborsót, a cukkiniszeleteket, a céklát alul rakétával, a gombát, az ecetes sárgarépát és az avokádót. A tojásokat vágott oldalukkal felfelé helyezzük.

f) Meglocsoljuk jó mennyiségű extra szűz olívaolajjal, sóval, borssal, fekete szezámmaggal és friss fűszernövényekkel. Egy citrompofával és egy szelet grillezett kenyérrel tálaljuk.

3. Vietnami gomba-tészta saláta

Hozzávalók

- 400 g fehér gomba vékonyra szeletelve
- 230 g vékony rizstészta (cérnametéltre)
- 1 közepes sárgarépa, meghámozva és vékony karikákra vágva
- 1 kontinentális uborka, hosszában félbevágva, magvak
- 1 gerezd közepes-nagy fokhagyma apróra vágva
- 1-2 kis piros chili kimagozva és apróra vágva

Díszek:

- 1/2 csésze apróra vágott földimogyoró (ha használ) vagy ropogós medvehagyma
- Lime vagy citromszeletek (elhagyható)
- szezámolaj
- 1 kis lilahagyma meghámozva, hosszában vékonyra szeletelve
- 1 csésze babcsíra, megmosva és lecsepegtetve

- 1 csokor koriander, megmosva, gyökerét eltávolítva
- 1/2 csokor menta, megmosva, leveleit leszedve

Öltözködés:

- 1/2 csésze halszósz
- 1/3 csésze pálmacukor
- 1/4 csésze friss citrom vagy limelé

Útvonalak

a) Főzzük meg a tésztát a csomag utasításai szerint. Öblítsük le hideg víz alatt, és jól csepegtessük le. Tegyük félre egy nagy keverőtálba.

b) Az öntethez tegyük az öntet összes hozzávalóját egy tégelybe, és jól rázzuk össze. Félretesz, mellőz.

c) A tésztatálba tedd a sárgarépát, az uborkát, a lilahagymát, a babcsírát, a gombát és a fűszernövények 3/4-ét. Az összes hozzávalót óvatosan összedolgozzuk kézzel, majd hozzáadjuk az öntetet. Dobd át még egyszer, hogy egyesítsd.

d) Egy nagy tálalótálra vagy különálló tálakra tálaljuk a salátát apróra vágott mogyoróval (vagy medvehagymával), a maradék fűszernövényekkel és egy nagyon kis szezámolajjal.

e) Díszítsük citrom- és/vagy lime-karikákkal.

4. Füstös grillgomba lencsével

Hozzávalók

- 4 nagy barna mezei gomba
- 1 csésze zöld lencse
- 250 g zöldbab, megmosva, a tetejét eltávolítva
- 400 g sütőtök meghámozva, kimagozva és 1 cm vastag szeletekre vágva
- 100g salátalevél, babaspenót/rakéta/vegyes levél
- Marék petrezselyem, megmosva és durvára vágva
- 50 g pirított pehely mandula
- Maréknyi mentalevél

Pác:

- 1/4 csésze EV olívaolaj 2 citrom leve
- 1 gerezd fokhagyma, felaprítva
- 1 teáskanál füstölt paprika Só, bors

Útvonalak

a) A gombás páchoz keverjünk össze 3 evőkanál olívaolajat, citromlevet, fokhagymát, füstölt paprikát, sót és borsot. Tegyünk félre 3-4 evőkanál pácot, hogy később öntetnek használjuk. A maradék pácot ráöntjük a gombára, jól bevonjuk. Tedd félre kb. 20 perc.

b) A lencse főzéséhez hideg vízben öblítsük le és szűrjük le. Egy nagy fazékban adjunk hozzá 4 csésze vizet 1 csésze lencséhez. Az extra ízért adjunk hozzá babérlevelet. Forraljuk fel az edényt, majd vegyük le nagyon alacsony lángon, fedjük le és főzzük kb. 20 perc. Szita segítségével engedjük le a vizet a lencséről, és dobjuk ki a babérlevelet. Hagyjuk kihűlni.

c) Tegye a babot és a sütőtököt egy tálba, és kenje be egy kevés olívaolajjal, sóval és borssal.

d) Melegítsük elő a barbeque-t közepes vagy magas lángra, és grillezzük a zöldségeket, amíg megpuhulnak.

e) Helyezze a grillezett zöldségeket egy nagy tálba. A gombát grillezzük, gyakran megforgatva kb. 5-6 perc. Tegyük félre egy külön tálba, és szórjuk meg petrezselyemmel.

f) A saláta összekeveréséhez adjunk hozzá főtt lencsét a babhoz és a sütőtökhöz, adjuk hozzá a salátaleveleket, a mentát és a maradék öntetet. Kézzel óvatosan keverjük össze a salátát.

g) Tálaláskor a lencsesalátát egy nagy tálra tesszük, megszórjuk mandulapelyhekkel, és 4 gombát teszünk rá. Meglocsoljuk a gomba maradék levével.

h) Tálaljuk ropogós kenyérrel vagy kedvenc grillezett húsainkkal.

5. Gomba és vörös káposzta saláta

2-4

Hozzávalók

- 100 g gomba, vékonyra szeletelve
- 100 g shiitake gomba, szárát kidobjuk, kalapját vékonyra szeletelve
- 100 g laskagomba vékonyra szeletelve
- 2 evőkanál limelé
- 2 teáskanál szójaszósz
- 1 gerezd fokhagyma, meghámozva és összetörve
- 2 evőkanál citromlé
- 3 evőkanál extra szűz olívaolaj
- $\frac{1}{4}$ vörös káposzta (kb. 150 g), magháza eltávolítva, vékonyra felaprítva
- 2 evőkanál almaecet
- 1 teáskanál porcukor
- 100 ml natúr joghurt
- 50 ml növényi olaj
- Só és fekete bors
- Egy marék bazsalikomlevél

Útvonalak

a) Helyezze a gombát és a shiitake gombát az egyik edénybe, a laskagombát egy másikba. Adja hozzá a lime levét és a szójaszószt a gombhoz és a shiitake-hez. Adjuk hozzá a fokhagymát és 1 evőkanál citromlevet a laskagombához. Mindegyikhez adjuk hozzá az olívaolaj felét, majd keverjük össze.

b) Keverjük össze a káposztát az ecettel és a cukorral, és hagyjuk a káposztát és a gombát is legalább 2 óráig, lehetőleg 6-8 óráig pácolódni a hűtőben. Mindkettőt néhányszor feldobjuk.

c) A maradék citromlevet kikeverjük a joghurttal és a növényi olajjal, majd sózzuk, borsozzuk. Tálaláskor dobd össze a gombát, és csepegtesd le róla a levét. A bazsalikomleveleket tépkedjük fel, és keverjük össze a káposztával.

d) A káposztát tányérokra osztjuk, majd rátesszük a gombát. A joghurtot ismét elkeverjük, majd a salátára csorgatjuk.

OROSZLÁNSÖRNYES GOMBA

6. Lion's Mane Quiche

Hozzávalók

- 1 tésztahéj
- Csipetnyi só és bors
- 2 csésze reszelt sajt
- 1 csésze tej
- 1 közepes hagyma, kockára vágva
- 2 evőkanál liszt
- $\frac{1}{2}$ lb. Oroszlánsörény gomba, vékonyra szeletelve
- $\frac{1}{4}$ teáskanál száraz mustár
- 1 evőkanál vaj 3 tojás
- 1 evőkanál olívaolaj

Útvonal:

a) Fedjük be a tésztahéj alját sajttal. A gombát és a hagymát 1 evőkanál vaj és 1 evőkanál olívaolaj keverékében puhára pároljuk.

b) Helyezze a gomba/hagyma keveréket a sajt tetejére. Sózzuk, borsozzuk ízlés szerint.

c) A lisztet, a tojást, a tejet és a száraz mustárt összekeverjük, és ráöntjük a gombás rétegre. Süssük 375 fokon, vagy amíg a közepe megszilárdul.

7. Lion's Mane Gravy

Hozzávalók

- $\frac{1}{2}$ lb Oroszlánsörény gomba, szeletelve vagy apróra vágva
- 3 evőkanál vaj
- $\frac{1}{4}$ csésze apróra vágott hagyma
- 2 csésze könnyű tejszín (vagy tetszőleges tej)
- 2 csésze víz
- 3 evőkanál liszt

Útvonal:

a) Keverjük össze a vizet és a gomba 2/3-át, pároljuk 20 percig. Külön serpenyőben a vajat, a maradék gombát és a hagymát barnára pároljuk.

b) A lisztes keveréket szórjuk a gomba/hagyma keverékre, és főzzük néhány percig.

c) Keverjük össze a tejszínt (vagy tejet) és a vizet, és adjuk a pirított keverékhez. Egy nyitott serpenyőben pároljuk, amíg el nem érjük a kívánt állagot.

8. Meleg saláta oroszlánsörény gombából

Kitermelés: 1 adag

Hozzávalók

- 2 evőkanál olívaolaj
- 1 citrom; lé
- 2 teáskanál teljes kiőrlésű mustár
- 1 evőkanál tiszta méz
- Só és frissen őrölt fekete bors
- 3 evőkanál olívaolaj
- 2 szeletelt magtárkenyér; kéreg eltávolítása, Vegyes salátalevelek
- 8 koktélparadicsom; felezve
- 1 125 g-os csomag Oroszlánsörény gomba; felezve, majd mindegyik; félig vékonyra szeletelve

Útvonal:

a) Az öntethez az összes hozzávalót összekeverjük, és ízlés szerint fűszerezzük. Hűtsük le, amíg szükséges.

b) Egy serpenyőben felforrósítunk 2 evőkanál olajat, beletesszük a kenyérkockákat, és minden oldalukat aranybarnára sütjük. Nedvszívó konyhai papíron leszűrjük.

c) Az elkészített salátaleveleket, koktélparadicsomokat és krutonokat tálalótányérokra vagy egy nagy tálba helyezzük.

d) A serpenyőben felhevítjük a maradék evőkanál olajat, hozzáadjuk a fokhagymát és a Lion's Mane gomba szeleteket. A gombát mindkét oldalán aranybarnára pirítjuk, körülbelül 3-5 percet vesz igénybe.

e) A gombaszeleteket elrendezzük a salátán, és felöntjük a salátaöntettel.

9. Oroszlánsörény rák torták

Hozzávalók

- 8 oz. Oroszlánsörény gomba
- 1 tojás (vagy lentojás)
- 1/2 csésze panko zsemlemorzsa
- 1/4 csésze hagyma (finomra vágva)
- 1 evőkanál majonéz vagy vegán majonéz
- 1 teáskanál Worcestershire szósz
- 3/4 teáskanál régi babérfűszer
- 1 teáskanál dijoni mustár
- 1 evőkanál petrezselyem (finomra vágva)
- 1/4 teáskanál só (ízlés szerint)
- 1/4 teáskanál fekete bors
- 2-3 evőkanál olaj (sütemény sütéséhez)
- 2 optimális köret: citromszeletek
- Gyors tatár szósz
- 1/4 csésze majonéz vagy vegán majonéz
- 1 evőkanál kapros savanyúság íze
- 1/4 teáskanál régi babérfűszer

Útvonalak

a) A Lion's Mane Gombát kézzel aprítsd apró darabokra, amelyek a pelyhes rákra emlékeztetnek.

b) Egy nagy tálban keverje össze a tojást, a majonézt, a hagymát, a Worcestershire-szószt, az öbölfűszert, a dijoni mustárt, a petrezselymet (finomra vágva), a sót és a borsot. Keverjük addig, amíg teljesen be nem épül.

c) Keverje hozzá az Oroszlánsörény gombát, amíg teljesen be nem épül.

d) Keverje hozzá a Panko zsemlemorzsát, amíg teljesen be nem épül.

e) Formázz a keverékből 3-4 egyenlő méretű kerek lapos pogácsát (kb. 1/2-3/4 hüvelyk vastagok).

f) Serpenyőben olajat hevítünk közepes/magas lángon.

g) A pogácsákat oldalanként körülbelül 2-3 percig sütjük. Aranybarnának kell lennie, és végig kell sütni.

h) Adjon hozzá tetszőleges köretet, facsarjon ki citromot és élvezze!

10.   Serpenyőben sült oroszlánsörény gomba

Hozzávalók

A gombához:

- 1 lb. oroszlánsörény gomba, tisztára törölve és felszeletelve⅓- hüvelykes darabok
- 1 tojás
- ½ csésze tej
- 1 csésze univerzális liszt
- 2 teáskanál paprika
- 2 teáskanál szárított bazsalikom
- 1 ½ teáskanál tengeri só
- 1 teáskanál őrölt bors
- 1 teáskanál fokhagyma por
- 1 teáskanál hagymapor
- 3-6 evőkanál növényi olaj főzéshez

Útvonalak

a) Egy tálban verjük fel a tojást, amíg fel nem keveredik, és keverjük össze a tejjel. Egy másik tálban keverje össze a lisztet az összes szárított fűszerrel – a paprikával a hagymaporon keresztül, és jól keverje össze.

b) Mártsunk bele egy szelet oroszlánsörény gombát a tojásos keverékbe, majd forgatjuk bele a lisztes keverékbe. Tegye félre egy nagy tányérra vagy egy vágódeszkára. Addig folytassuk, amíg a gombák körülbelül felét bemártjuk és kikotrjuk.

c) Melegíts elő egy nagy serpenyőt közepes lángon. Adjunk hozzá 1-2 evőkanál növényi olajat (vagy tetszőleges sütőzsírt) a serpenyőbe, és forgassuk meg a forró olajat.

d) Fogó segítségével óvatosan helyezze a kikotrózott gombaszeleteket a serpenyőbe, ügyelve arra, hogy ne zsúfolja össze a serpenyőt. Csökkentse a hőt alacsonyra – így a gomba alaposan átsül anélkül, hogy megégne és megbarnulna. Kicsit döntse meg a serpenyőt, hogy az olaj egyenletesen terüljön el. Tovább sütjük az egyik oldalát alacsony lángon 3-4 percig, ügyelve arra, hogy a gomba meg ne égjen.

e) Fogó segítségével óvatosan fordítsa meg minden gombadarabot, és süsse a másik oldalát 3-4 percig.

f) A megsült gombát óvatosan kivesszük a serpenyőből, és papírtörlőre tesszük, hogy felszívja a felesleges olajat.

g) Törölje le a serpenyőt egy tiszta papírtörlővel (a papírtörlőt fogóval fogja meg, hogy ne égesse meg a kezét!!), és ismételje meg a 2-4. lépéseket, amíg a gomba meg nem fő.

h) Keverjük össze a ketchupot + majonézt (vagy használjuk kedvenc mártogatósunkat), és melegen tálaljuk.

11.   sült oroszlánsörény gomba.

Adagok: 4

Hozzávalók

A gombához:

- 1 lb. oroszlánsörény gomba tisztára törölve és felszeletelve⅓- hüvelykes darabok
- 1 tojás
- ½ csésze tej (bármilyen – cukrozatlan és ízesítetlen, ha növényi tejet használ)
- 1 csésze univerzális liszt
- 2 teáskanál paprika
- 2 teáskanál szárított bazsalikom (vagy olasz fűszer vagy oregánó)
- 1 ½ teáskanál tengeri só
- 1 teáskanál őrölt bors
- 1 teáskanál fokhagyma por
- 1 teáskanál hagymapor
- 3-6 evőkanál növényi olaj főzéshez (vagy tetszés szerint sütőzsír)

A mártogatóshoz:

- 2 evőkanál majonéz
- 2 evőkanál ketchup
- Különleges felszerelés
- 2 közepes tál
- Egy nagy tányér vagy vágódeszka (vagy bármilyen tiszta lapos felület)
- Nagy, tapadásmentes serpenyő
- Fogó
- Papírtörlővel bélelt tányér

Útvonalak

a) Egy tálban keverjük össze a tojást és a tejet. Egy másik tálban keverje össze a lisztet az összes szárított fűszerrel – a paprikával a hagymaporon keresztül, és jól keverje össze.

b) Mártsunk bele egy szelet oroszlánsörény gombát a tojásos keverékbe, majd forgatjuk bele a lisztes keverékbe. Tegye félre egy nagy tányérra vagy egy vágódeszkára. Addig folytassuk, amíg nagyjából az összes gombát bemártjuk és kikotrjuk.

c) Melegíts elő egy nagy serpenyőt közepes lángon. Adjunk hozzá 1-2 evőkanál olajat a serpenyőbe, és forgassuk meg. Tegye a kivont gombaszeleteket a serpenyőbe, ügyelve arra, hogy ne zsúfolja össze a serpenyőt. Csökkentse a hőt alacsonyra, és döntse meg egy kicsit a serpenyőt, hogy az olaj eloszlassa. Oldalanként 3-4 percig sütjük, ügyelve arra, hogy a gomba meg ne égjen.

d) A megsült gombát óvatosan kivesszük a serpenyőből, és papírtörlőre tesszük, hogy felszívja a felesleges olajat.

e) Törölje le a serpenyőt egy tiszta papírtörlővel (a papírtörlőt fogóval fogja meg, hogy ne égesse meg a kezét!!), és ismételje meg a 3-4. lépéseket, amíg a gomba meg nem fő.

f) Keverjük össze a ketchupot + majonézt (vagy használjuk kedvenc mártogatósunkat), és melegen tálaljuk.

12.   Oroszlánsörény sonka és sajt omlett

Kitermelés: 1 OMLETT

Hozzávalók

- Tojás, nagy, egyenként 2 (3,6 uncia) (102 g)
- Gomba, oroszlánsörény, kis kockákra vágva 1/4 csésze (0,6 uncia) (17 g)
- Sonka, csemege stílusú, vékonyra szeletelt, apróra vágott 1/3 csésze (1 uncia) (28 g)
- Sajt, Colby Jack, Shredded. 1/3 csésze (1 uncia) (28 g)

Útvonal:

a) Melegítse elő a serpenyőt közepes/alacsony vagy közepes fokozaton.

b) Gyűjtsd össze az összes hozzávalót.

c) A gombát és a sonkát felkockázzuk.

d) Egy kis tálban verjük fel a tojásokat. Ha puha omlettet szeretne, adjon hozzá körülbelül 1 evőkanál tejet, és keverje össze.

e) Az előmelegített száraz serpenyőn addig pirítjuk a felkockázott gombát, amíg aranybarna nem kezd.

f) A felkockázott sonkát addig főzzük, amíg a gomba barnul.

g) Keverje össze a gombát és a sonkát a rácson.

h) Ha van omlett karikája, most már használhatja.

i) Helyezze a kívánt vékony zsírréteget a rácsra. Használtam főzősprayt, vajat, szalonnazsírt és olívaolajat. Csak ügyeljen arra, hogy szétterítse, és akkora legyen, hogy az omlett megsüljön.

j) A felvert tojásokat a kikent forró serpenyőre öntjük. A tojásoknak kerek 6 hüvelykes körben kell lenniük. Ha a tojások elkezdenek futni a rácson, használja a spatulát, és hozza vissza kör alakúra.

k) Amikor a tojás leáll, a tetejére adjuk a főtt sonkát és a gombát, és egyenletesen eloszlatjuk a körben.

l) Az omlettet mindkét oldalán kb 2 percig sütjük. A főzési
    idő azonban változhat. Az omlettet úgy kell elkészítenie,
    ahogy kinéz, mert minden serpenyő hőmérséklete változó.
m) Amikor a sonkás-gombás omlett az egyik oldalon megsült,
    ideje megfordítani. Egy nagy spatulával óvatosan fordítsa
    meg az omlettet.
n) Adjuk hozzá a reszelt sajt felét az omlett egyik feléhez.
o) Ha megfőtt a gombás, sonkás és sajtos omlett, fordítsa
    félbe, hogy a nem sajtos oldal az olvasztott sajtra
    kerüljön.
p) Megszórjuk a maradék reszelt sajttal, és levesszük a
    rácsról.

13.   Oroszlánsörény „Rák" sütemények

6 adagot kapunk

Hozzávalók:

- ⅓ csésze majonéz
- 1 nagy tojás
- 2 evőkanál dijoni mustár
- 2 teáskanál Worcestershire szósz
- 2 csésze dehidratált Lion's Mane gombadarabok
- 1 piros kaliforniai paprika, felkockázva
- 1 medvehagyma, szeletelve
- 2 gerezd fokhagyma, felaprítva
- ½ csésze liszt vagy zsemlemorzsa (opcionálisan gluténmentes)
- Citromlé, ízlés szerint
- Só és fekete bors ízlés szerint

Útvonal:

a) Egy kis tálban keverje össze a majonézt, a tojást, a mustárt és a Worcestershire szószt.

b) Egy nagy tálban adjuk hozzá a Lion's Mane gombát a kaliforniai paprikával, a mogyoróhagymával és a fokhagymával. Belekeverjük a lisztet vagy zsemlemorzsát, sózzuk, borsozzuk. Keverje hozzá a kis tál hozzávalóit.

c) A keverékből körülbelül 6 pogácsát formázzon.

d) Egy nagy serpenyőt kenjünk meg olajjal és melegítsük közepesen magasra. Hozzáadjuk a süteményeket, és oldalanként néhány percig aranybarnára és ropogósra sütjük.

e) Élvezze a Lion's Mane egészségügyi előnyeit, ha ezeket a tortákat citromlével vagy más kedvenc feltéttel fogyasztja.

14.   Oroszlánsörény filé

Hozzávalók:

- 1 font Oroszlánsörény gomba, $\frac{3}{4}$ hüvelykes filékre szeletelve, a felesleges vizet kinyomva
- 1 evőkanál ghí
- $\frac{1}{2}$ csésze száraz fehérbor (vagy helyettesítheti 2 evőkanál száraz sherryvel)
- 1 közepes mogyoróhagyma darálva (vagy 3 gerezd fokhagymával helyettesítve)
- Só és fekete bors ízlés szerint

Útvonal:

a) Ízesítse az Oroszlánsörény filét sóval és borssal
b) Egy nagy serpenyőben közepes-magas lángon felhevítjük a ghit.
c) Adjunk hozzá Lion's Mane-t, és spatulával nyomjuk le, hogy eltávolítsuk a felesleges vizet. Mindkét oldalát barna és puhára pároljuk.
d) Alacsony hőt közepes-alacsonyra. Adjunk hozzá bort vagy sherryt és medvehagymát vagy fokhagymát, fedjük le és főzzük, amíg a fokhagyma megpuhul.
e) Tálalja kedvenc köreteivel, és élvezze a Lion's Mane egészségügyi előnyeit, finoman!

15.   Lion's Mane Clarity Latte

1 adagot kap

Hozzávalók:

- ½ csésze kávé
- ½ teáskanál Mushroom Revival Lion's Mane tinktúra
- ½ csésze választott tej
- Egy csipet fahéj
- Csipet szerecsendió

Útvonal:

a) Tegye a hozzávalókat egy turmixgépbe.
b) Magas fokozaton habosra keverjük és alaposan összekeverjük.

16.   Oroszlánsörény "Homár" tekercs

Hozzávalók:

- 2 nagy tojás
- 2 evőkanál Old Bay fűszer
- 1 teáskanál zellersó
- 2 evőkanál citromlé
- 1 kilós Lion's Mane gomba, $\frac{1}{4}$ hüvelykes szeletekre vágva
- 3 evőkanál olívaolaj vagy ghí
- $\frac{1}{2}$ csésze majonéz
- $\frac{1}{2}$ vöröshagyma, kockára vágva
- $\frac{1}{4}$ csésze friss kapor, apróra vágva
- $\frac{1}{4}$ csésze friss petrezselyem, apróra vágva
- $\frac{1}{2}$ csésze finomra vágott zeller
- 4 tekercs, hoagie vagy francia (salátára is tálalható)
- Só, bors

Útvonal:

a) Egy közepes tálban verjük fel a tojásokat. Keverje hozzá az Old Bay fűszereket, a zellersót és a citromlevet.

b) Adjuk hozzá a gombaszeleteket a tojásos keverékhez, és keverjük össze, amíg felszívódik.

c) Melegítsünk olajat vagy ghít egy nagy serpenyőben közepes-magas lángon. Süssük meg a gombaszeleteket, mindkét oldalukat pirítsuk körülbelül 2 percig. A gombát kiszedjük és papírtörlőn lecsepegtetjük. Ha kihűlt, a gombát villával vagy ujjainkkal felaprítjuk.

d) Egy közepes tálban keverje össze a majonézt, a hagymát, a kaprot, a petrezselymet és a zellert. Adjuk hozzá a felaprított gombát, és alaposan keverjük össze. Adjon hozzá további zellersót és/vagy citromlevet ízlés szerint.

e) Vágja fel a zsemlét, vagy készítsen salátát az Oroszlánsörény „homár" tálalásához. Élvezd!

17.   Oroszlánsörény palacsinta

2 adagot kapunk

Hozzávalók:

- 2 nagy tojás
- 1 1/2 csésze mandulatej
- 1 ¼ csésze liszt (a gluténmentes opciók helyett)
- ¼ csésze olvasztott vaj
- 1 csésze friss oroszlánsörény apróra vágva
- Választható feltétek

Útvonal:

a) Egy nagy tálban keverjük össze a tojást és a tejet.

b) Adjuk hozzá a lisztet, a vajat és a gombát, és keverjük simára.

c) Öntsön vajat egy serpenyőbe közepesen magas lángon, adjon hozzá ½ csésze keveréket, és fordítsa meg, amikor buborékok jelennek meg. Amikor mindkét oldala aranybarna, adjunk hozzá feltétet és fogyasszuk el!

SHIITAKE GOMBÁK

18.   Burgonya és vadgomba gratin

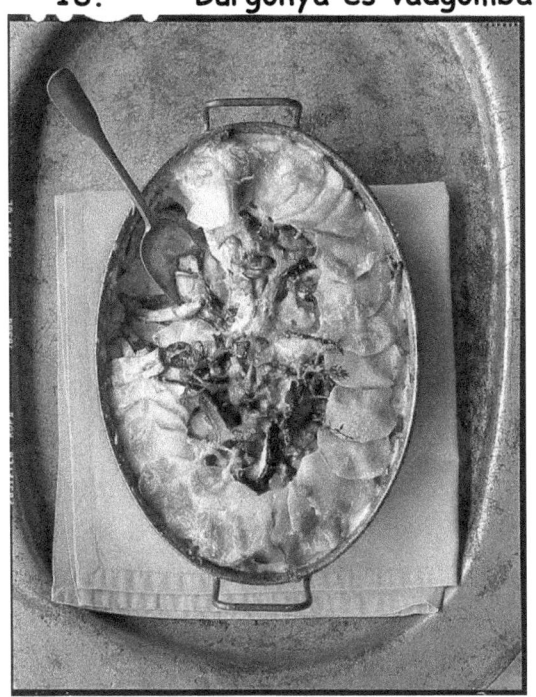

Hozzávalók:

- 5 oz. morzsolt kéksajt
- 1 ½ evőkanál vaj
- 1 ½ teáskanál apróra vágott friss kakukkfű
- 1 kg vegyes friss gomba
- 1 teáskanál só
- 2 ½ csésze habtejszín ½ teáskanál bors
- 2 font. Yukon Gold burgonya, meghámozva, nagyon vékonyra szeletelve

Útvonal:

a) Helyezze a rácsot a sütő felső 1/3-ába, és melegítse elő 400°-ra. Vajas 13x9x2-es üveg tepsi. Helyezze a sajtot egy közepes tálba; adjunk hozzá ½ csésze tejszínt. Villával pépesítsd a keveréket darabos masszává. Keverj bele 1 teáskanál sót és 1//2 teáskanál borsot.

b) Keverje hozzá a maradék 2 csésze tejszínt. Olvasszuk fel a vajat egy nagy edényben közepesen magas lángon. Hozzáadjuk a gombát és a fűszernövényeket, és addig pároljuk, amíg a gombák megpuhulnak és a folyadék el nem fő, körülbelül 8 percig.

c) Az elkészített edény aljára helyezzük a burgonya felét. Egyenletesen kanalazzon rá ¾ csésze sajtszószt. A tetejére öntsük az összes gombás keveréket, ¾ csésze sajtszószt, majd adjuk hozzá a maradék burgonyát. A tetejére a maradék sajtmártást.

d) Fedjük le az edényt fóliával. Süssük a gratint 30 percig, majd fedjük le és süssük addig, amíg a burgonya megpuhul, a teteje aranybarna, és a szósz besűrűsödik, körülbelül 30 perccel tovább.

e) Hagyja állni 10 percig; forrón tálaljuk.

19.   Magyar Gombaleves

Hozzávalók:

- 1 kg friss vegyes gomba
- 1 evőkanál tamari
- 2 csésze apróra vágott hagyma
- 1 teáskanál só
- 4 evőkanál vaj
- 2 csésze csirke, zöldségalaplé vagy víz
- 3 evőkanál liszt
- $\frac{1}{4}$ csésze apróra vágott friss petrezselyem
- 1 csésze tej
- 2 teáskanál friss citromlé
- 1-2 teáskanál kaporfű Frissen őrölt fekete bors vagy ízlés szerint
- 1 evőkanál magyar paprika
- $\frac{1}{2}$ csésze tejföl

Útvonal:

a) A hagymát 2 evőkanál vajban megdinszteljük, enyhén sózzuk. Néhány perccel később adjunk hozzá gombát 1 teáskanál kapor $\frac{1}{2}$ csésze alaplevet (vagy vizet), tamarit és paprikát. Fedjük le és pároljuk 25 percig.

b) Olvasszuk fel a maradék vajat egy nagy serpenyőben; lisztbe habarjuk, habverés közben (pár percig) főzzük. Adjunk hozzá tejet; továbbra is főzzük, gyakran kevergetve alacsony lángon, körülbelül 10 percig, amíg sűrű nem lesz.

c) Keverje hozzá a gombás keveréket és a maradék alaplevet. Lefedve pároljuk 10-15 percig, közvetlenül tálalás előtt sózzuk, borsozzuk, citromlevet, tejfölt, és ha szükséges még kaprot adunk hozzá.

d) Petrezselyemmel díszítve tálaljuk.

20. Töltött gomba

Hozzávalók:

- 1 font ömlesztett kolbász
- 1 font friss Shiitake gomba (harapásnyi)
- 2 gerezd fokhagyma
- ½ kis sárga hagyma, apróra vágva
- 4 evőkanál friss petrezselyem, apróra vágva
- ½ csésze fűszerezett zsemlemorzsa
- 1 teáskanál szárított dörzsölt zsálya
- ½ teáskanál szárított zsálya
- Só és bors ízlés szerint
- ½ csésze parmezán sajt

Útvonal:

a) Melegítsük elő a sütőt 400o-ra. Távolítsa el a gombák szárát. A szárát felaprítjuk, és a vajban hagymával és fokhagymával puhára pároljuk (kb. 4 perc).

b) Vegye ki a serpenyőből. A kolbászt barnára pirítjuk, leszűrjük. Helyezze a kolbászt és a gombás keveréket a konyhai robotgépbe; adjuk hozzá a többi hozzávalót, kivéve a sajtot.

c) Addig pörgesse a keveréket, amíg finom állagú nem lesz, ízesítse a fűszerezést.

d) Töltsük meg a megmaradt gomba sapkát kolbászkeverékkel, és a tetejére sajtot szórunk. Helyezze a töltött kupakokat a tepsire, és süsse 15-20 percig. amíg a gomba meg nem fő.

e) A kolbásztöltelék akár 2 héttel előre elkészíthető gombaszár nélkül és lefagyasztva.

21.   Csirkegomba Fajitas

Hozzávalók:

- 8 oz. krémsajt, lágyított
- $\frac{1}{2}$ lb vegyes friss gomba (Maitake, Shiitake, Oyster...)
- 1 teáskanál fajita fűszerezés
- 1 evőkanál apróra vágott koriander
- $\frac{1}{2}$ teáskanál fokhagymapor
- 4 evőkanál olaj
- 1 kis vöröshagyma, vékonyra szeletelve
- 1 zöld kaliforniai paprika, vékonyra szeletelve
- 1 piros kaliforniai paprika, vékonyra szeletelve
- $\frac{1}{2}$ teáskanál só
- 2 csont nélküli/bőr nélküli csirkemell, csíkokra szeletelve
- 4 db 8-os lisztes tortilla

Útvonal:

a) Egy kis tálban keverjük össze a krémsajtot, a fajita fűszerezést, a koriandert és a fokhagymaport; félretesz, mellőz. Egy nagy serpenyőben közepesen magas hőfokon felforrósítunk 1 evőkanál olajat; pároljuk a gombát, amíg megpuhul és a folyadék elpárolog, 3-4 percig. Tálba kaparjuk és félretesszük. Ugyanabban a serpenyőben melegítsen fel 2 evőkanál olajat közepes lángon.

b) Hozzáadjuk a hagymát, a paprikát és a sót, és ropogós puhára pároljuk (kb. 4 perc). Tedd egy tálba a gombával. Egy serpenyőben felforrósítunk 1 evőkanál olajat, és beletesszük a csirkemellet. Főzzük közepes lángon, amíg átlátszatlan nem lesz, körülbelül 2 percig. Felöntjük zöldségekkel, és átforrósítjuk.

c) Helyezze a tortillákat egy mikrohullámú tányérra, és körülbelül 15 másodpercig süsse mikrohullámú sütőbe, amíg fel nem melegszik.

d) Osszuk négy részre a krémsajtos keveréket, és kenjük rá minden tortillára. A csirke/zöldség keveréket kanalazzuk a sajtkrémre, tekerjük fel és tálaljuk. 4 fajitas lesz belőle.

22.   Nagy gombaleves

Útvonalak

- 6 evőkanál sótlan vaj
- 6 oz. Shiitake gomba szeletelve, szárát levágva
- 1 teáskanál só
- 1 csésze apróra vágott sárgahagyma
- 6 oz. Osztriga gomba, szeletelve
- 1 ½ teáskanál darált fokhagyma
- ½ csésze apróra vágott zeller
- 8 oz. Egyéb gombák (maitake, crimini...)
- 6 c. csirke/zöldségleves
- ¼ teáskanál cayenne (piros) bors
- ½ teáskanál fekete bors
- 1/3 c. pálinka
- 2 teáskanál friss kakukkfű levél
- 1 ½ c. tejszín

Útvonal:

a) Egy nagy lábasban olvasszuk fel a vajat közepes lángon. Adjuk hozzá a hagymát, a zellert és a cayenne-t, és főzzük puhára, körülbelül 4 percig. Adjunk hozzá fokhagymát, főzzük 30 másodpercig.

b) Hozzáadjuk a gombát, a kakukkfüvet, a sót/borsot, és addig főzzük, amíg a gomba barnulni kezd, körülbelül 7 percig. Hozzáadjuk a pálinkát, felforraljuk, és üvegesre főzzük, körülbelül 2 percig. Adjuk hozzá az alaplevet, és forraljuk vissza. Csökkentse a hőt közepesre, és fedő nélkül, időnként megkeverve párolja 15 percig. Vegyük le a tűzről.

c) Adjuk hozzá a tejszínt, forraljuk vissza, és főzzük 5 percig. Levesszük a tűzről, és ízlés szerint fűszerezzük.

23.   Kukorica és Shiitake Fritters

Kiszolgálás: 1

Hozzávalók

- 3 szem kukorica
- 1 nagy tojás
- $\frac{1}{4}$ csésze tej
- 2 oz. shiitake gomba
- $\frac{1}{4}$ csésze apróra vágott vöröshagyma
- $\frac{3}{4}$ csésze univerzális liszt
- 1 teáskanál sütőpor
- 1 $\frac{1}{2}$ teáskanál kóser só
- $\frac{1}{2}$ teáskanál bors
- $\frac{1}{2}$ csésze olaj
- Olaj, sütéshez

Útvonalak

a) Vágja le a kukoricaszemeket a csövekről. A felét aprítógépbe tesszük, a másik felét félretesszük. A kés tompa részével kaparja le a pépet a csutkáról a turmixgépbe. Adjuk hozzá a tojást és a tejet, majd pürésítsük addig, amíg sima tésztát nem kapunk.

b) Egy tapadásmentes serpenyőben hevíts fel egy csepp olajat, majd add hozzá a shiitake gombát és a hagymát. Addig pirítjuk, amíg enyhén megpirul, majd hozzáadjuk a maradék kukoricát, és további percig pirítjuk.

c) Tegyük egy tányérra, és tegyük a fagyasztóba 5 percre, amíg már nem forró.

d) Egy keverőtálban habosra keverjük az univerzális lisztet, a sütőport, a sót és a borsot. Belekeverjük a pürét, majd a kukoricaszemeket és a fagyasztóból kivett shiitake-et.

e) Tisztítsa meg a serpenyőt, és adjon hozzá $\frac{1}{2}$ csésze olajat. Amikor forró, adjunk hozzá nyolc merőkanál tésztát, és kenjük szét fél hüvelyk vastagságra. Süssük aranybarnára az alját, majd fordítsuk meg, és pirítsuk újra a másik oldalukat.

f) Tálalás előtt papírtörlőn csepegtessük le a rántásokat.

24.   Shiitake-gombás rizottó

Adagolás: 4

Hozzávalók:

- 4 csésze zöldségalaplé
- 1 csésze arborio/risotto rizs
- 2 csésze shiitake gomba, szeletelve
- 1 evőkanál szójaszósz
- 1 evőkanál friss kakukkfű apróra vágva
- 1 evőkanál friss petrezselyem, apróra vágva
- $\frac{1}{4}$ csésze száraz fehérbor (elhagyható)
- $\frac{1}{2}$ csésze vékonyra szeletelt medvehagyma
- Vegán parmezán, tálaláshoz

Útvonalak:

a) Egy mély serpenyőben vagy széles bázisú serpenyőben hevíts fel egy csepp olajat közepes lángon. Hozzáadjuk a medvehagymát, majd sózzuk, borsozzuk. Pirítsd barnulásig, majd add hozzá a gombát és a szójaszószt. Addig főzzük, amíg a shiitake gomba aranybarna és karamellizálódik.

b) Vegyen ki egy kanál gombát a serpenyőből, és tegye félre.

c) Adjuk hozzá a kakukkfüvet és a petrezselymet, majd az arborio rizst. Hagyjuk 1 percig főni, kevergetve, nehogy a rizs leragadjon. Ezután adjuk hozzá a száraz fehérbort, és főzzük, amíg nagyrészt felszívódik.

d) Egy-egy merőkanálnyi zöldséglevest adjunk hozzá, gyakran kevergetve. Amikor minden merőkanál felszívódik, adjunk hozzá még egyet. Folytassa, amíg az arborio rizs al dente meg nem fő.

e) Vegyük le a tűzről, és keverjük bele a vegán parmezánt.

f) Oszd szét a tálak között, és tedd a tetejére a karamellizált gombát és egy kevés petrezselymet. Szolgál.

25.   Sült Shiitake gomba

Adagolás: 4

Hozzávalók

- 4 oz. shiitake gombát, szárát eltávolítjuk, kalapját felszeleteljük
- 12 oz. spárga, vágva
- 1 evőkanál olívaolaj
- Só és bors, ízlés szerint
- 1 ½ evőkanál szójaszósz
- ½ evőkanál szárított rozmaring

Útvonalak:

a) Melegítsük elő a sütőt 425°F-ra.

b) Tegye az összes hozzávalót egy tűzálló edénybe vagy bélelt tepsibe, és dobja bele a zöldséget az olajba és fűszerezze.

c) 10 percig sütjük, amíg a gomba megpuhul, a spárga pedig ropogós-puha lesz.

d) Mártogatóssal tálaljuk.

26.   Meleg Shiitake-árpa saláta

Adagolás: 4

Hozzávalók:

- $\frac{3}{4}$ csésze árpagyöngy
- $\frac{1}{4}$ font shiitake gomba, szárát eltávolítva és kalapját felszeletelve
- 1 medvehagyma, finomra vágva
- 1 vöröshagyma, félbevágva
- 4 gerezd fokhagyma, felaprítva
- Só és bors, ízlés szerint
- 4 evőkanál balzsammáz
- 1 evőkanál juharszirup vagy méz
- 1 nagy fej saláta, tépve
- $\frac{1}{4}$ csésze petrezselyem, apróra vágva
- $\frac{1}{4}$ csésze kapor gallyak, apróra vágva

Útvonalak:

a) Adjuk hozzá az árpát, a lilahagymát, a fokhagymát és a sót egy edénybe. Felöntjük vízzel nagyjából 2 hüvelyknyire, majd lassú tűzön pároljuk, amíg a szemek megpuhulnak és a víz felszívódik – nagyjából 40 percig.

b) Amikor az árpának körülbelül 10 perce van, készítsük el a ropogós gombát. Egy serpenyőben hevíts fel olajat, és add hozzá a gombát, és pirítsd aranybarnára körülbelül 10 percig. Konyhai papírral bélelt tányérra tesszük lecsepegni, majd megszórjuk sóval, borssal.

c) Ugyanabban a serpenyőben adjuk hozzá a medvehagymát, és süssük aranybarnára. A serpenyőt levesszük a tűzről, majd hozzákeverjük a balzsamecet és a juharszirupot.

d) Adja hozzá a salátaleveleket egy tálba vagy salátástálba. Hozzáadjuk az árpát és a balzsamecos öntetet, alaposan összeforgatjuk. A tetejére tesszük a gombát, a petrezselymet és a kaprot.

e) Melegen vagy hidegen tálalhatjuk.

27.   Ropogós és rágós szezámmagos Shiitake

Tálalás: 2

Hozzávalók:

- 1 csésze fehér rizs
- 2 csésze szárított shiitake
- $\frac{1}{4}$ csésze kukoricakeményítő, plusz extra
- szezámolaj
- $\frac{1}{4}$ csésze szójaszósz
- 2 evőkanál barna cukor
- 2 evőkanál rizsborecet
- 2 gerezd fokhagyma, felaprítva
- 1 hüvelykujjnyi darab gyömbér, lereszelve
- 2 teáskanál forró szósz
- 2 újhagyma, szeletelve
- 2 teáskanál szezámmag

Útvonalak:

a) Tegyük a gombát egy tálba, és öntsük fel forrásban lévő vízzel. Áztassuk 40 percig, amíg megpuhul, majd szűrjük le. Kendővel csavarja ki a felesleges vizet a gombákból, ügyelve arra, hogy ne törje össze. Ezután szeleteljük vastag szeletekre, és dobjuk bele a kukoricakeményítőt.

b) Öblítse le a rizst, amíg a víz tiszta nem lesz. Ez eltávolítja a keményítőt, és ragacsossá kell tennie a rizst. Főzzük a csomagoláson található utasítások szerint, majd hagyjuk megszáradni.

c) Egy wokban vagy serpenyőben közepes-magas lángon hevíts fel egy csöpögött szezámolajat. Amikor csillogó, hozzáadjuk a gombát, és aranybarnára sütjük, és nem marad kukoricakeményítő.

d) Közben keverje össze a szójaszószt, a barna cukrot, a rizsecetet, a fokhagymát, a csípős szószt és a gyömbért egy tálban. Keverjük össze, majd tegyük egy kis lábosba, és főzzük addig, amíg besűrűsödik.

e) Adjuk hozzá a gombát a szószhoz, és dobjuk bevonni.

f) A rizst elosztjuk tálak között, a tetejére a gombát. Hozzáadjuk a szezámmagot és az újhagymát, majd tálaljuk.

28.   Makktök és erdei gomba

Kitermelés: 2 adag

Hozzávalók
- 1 makktök; felezve és kimagozva
- ½ csésze szárított áfonya vagy ribizli
- ¼ csésze forró víz
- 4 evőkanál vaj
- 4 uncia friss erdei gomba (például shiitake); kiszárítjuk és feldaraboljuk
- ¼ csésze apróra vágott hagyma
- 1 teáskanál szárított zsálya
- 1 csésze teljes kiőrlésű zsemlemorzsa

Útvonalak
a) Melegítse elő a sütőt 425#161#F-ra. Tegye a tököt vágott oldalával lefelé egy 8x8x2 hüvelykes üveg sütőedénybe. Fedje le szorosan az edényt műanyag fóliával. Mikrohullámú sütő magas fokozaton 10 perc. Szúrja át a műanyagot, hogy a gőz távozzon.
b) Fedje le és fordítsa meg a tök felét vágott felével felfelé. Az üregeket sóval és borssal ízesítjük. Keverje össze a szárított áfonyát és a forró vizet egy kis tálban. Olvassz fel 3 evőkanál vajat egy erős, közepes serpenyőben közepes lángon. Hozzáadjuk a gombát, a hagymát és a zsályát és
c) Pároljuk, amíg el nem kezd puhulni, körülbelül 5 percig. Adjunk hozzá zsemlemorzsát, és keverjük addig, amíg a morzsa enyhén barnára nem válik, körülbelül 3 percig.
d) Hozzákeverjük az áfonyát áztatófolyadékkal. Ízlés szerint sózzuk, borsozzuk. Halom töltelék tökfélbe. Megkenjük a maradék vajjal. Süssük, amíg át nem melegszik és ropogós lesz a tetején, körülbelül 10 percig.

29. vadon élő és egzotikus gombák lasagne

Kitermelés: 9 adag

Hozzávalók

- 2 evőkanál olívaolaj
- 1 nagy hagyma; darált
- 2 uncia prosciutto di parma; finomra vágott
- 2 evőkanál darált medvehagyma
- 2 evőkanál darált fokhagyma
- ½ csésze finomra vágott petrezselyem
- 1 kiló válogatott vadon élő és egzotikus gomba
- 2 evőkanál apróra vágott bazsalikom
- 1 evőkanál apróra vágott friss oregánó
- ⅔ csésze száraz fehérbor
- 1½ font konzerv zúzott paradicsom; 2 fontra
- 2 csésze friss ricotta sajt
- 1 tojás
- 2 csésze reszelt Parmigiano-Reggiano sajt
- ½ csésze reszelt mozzarella sajt
- 1 só; megkóstolni
- 1 frissen őrölt fekete bors
- 1 font friss tésztalapok lasagnákba vágva; kirándulások, blansírozott,
- ½ csésze nehéz tejszín
- ¼ csésze tej
- 8 szárított bazsalikomlevél

Útvonalak

a) Melegítsük elő a sütőt 350 fokra. Enyhén olajozzon ki egy 13 x 9 hüvelykes téglalap alakú sütőedényt. Egy nagy serpenyőben felforrósítjuk az olívaolajat.

b) Amikor az olaj felforrósodott, a hagymát és a prosciuttót körülbelül 4 percig pároljuk, vagy amíg a hagyma megfonnyad és enyhén karamellizálódik.

c) Keverje hozzá a ½ csésze petrezselymet, medvehagymát és a gombát. Pároljuk 10 percig, vagy amíg a gomba aranybarna nem lesz. Sózzuk, borsozzuk.

d) Keverje hozzá a fokhagymát, a bazsalikomot és az oregánót. Szűrjük le a gombás keveréket, és tartsuk fenn a folyadékot. Helyezze vissza a folyadékot a serpenyőbe, és csökkentse addig, amíg a folyadék mázat nem kap, körülbelül 5 percig. Időnként kaparja meg az oldalát, hogy meglazítsa a részecskéket.

e) Adja hozzá a bort, és kövesse ugyanazt az eljárást. Adjuk hozzá a paradicsomot, és főzzük tovább 10 percig.

f) Sózzuk, borsozzuk. Adjuk hozzá a gombás keveréket a szószhoz.

g) Egy keverőtálban keverje össze a Ricotta sajtot, a tojást, a maradék petrezselymet, a ½ csésze reszelt Parmigiano-Reggiano sajtot és a Mozzarella sajtot.

h) Sózzuk, borsozzuk. Az összeállításhoz kanalazzon egy kis mennyiségű szószt a tepsi aljára. Megszórjuk parmezán sajttal. Helyezzen egy réteg tésztát a szósz tetejére. A sajtot a tésztára kenjük.

i) Keverje össze a tejszínt a maradék sajttal.

j) Sózzuk, borsozzuk. Ráöntjük a lasagne tetejére. Fedjük le a lasagnét. Süssük 30 percig lefedve és 10-15 percig fedetlenül, vagy amíg a lasagne aranybarna és megszilárdul.

k) Vegyük ki a lasagnét a sütőből, és szeletelés előtt hagyjuk 10 percig pihenni. Helyezzen egy adag lasagne-t a tányér közepére. Díszítsük reszelt sajttal és sült bazsalikomlevéllel.

30.   BBQ kacsa és erdei gombás quesadilla

Kitermelés: 4 adag

Hozzávalók

- $\frac{1}{2}$ csésze grillezett kacsacomb; húst leszedtek a csontról 2 bőr nélküli kacsacombról
- 1 csésze New Mexico bbq szósz
- $\frac{1}{2}$ csésze csirke alaplé
- $\frac{1}{2}$ csésze grillezett shiitake gomba sapka, grillezett
- 3 lisztes (6 hüvelykes) tortilla
- $\frac{1}{4}$ csésze reszelt Monterey jack
- $\frac{1}{4}$ csésze reszelt fehér cheddar
- Só és frissen őrölt bors
- $\frac{1}{2}$ csésze fűszeres mangó salsa

Útvonalak

a) Tegye a lábakat egy serpenyőbe, és kenje meg mártással. Öntsön alaplét a lábak köré. Fedjük le, és süssük 3 órán át 300 fokon, 30 percenként BBQ szósszal megkenve. Hagyjuk kihűlni, és leszedjük a kacsahúst.

b) Készítsen egy fa- vagy faszén tüzet, és hagyja, hogy parázsig égjen.

c) Helyezzen 2 tortillát a munkafelületre. Mindegyikre rákenjük a sajtok felét, a kacsát és a gombát, és ízlés szerint sózzuk, borsozzuk. A 2 réteget egymásra rakjuk, befedjük a maradék tortillával, megkenjük 1 evőkanál olajjal, és egyenletesen megszórjuk chiliporral. Eddig a pontig előre elkészíthető és lehűthető. Mindkét oldalát 3 percig grillezzük, vagy amíg a tortillák kissé ropogósak és a sajt megolvad.

d) Vágjuk negyedekre, és forrón, salsával díszítve tálaljuk.

31.   Erdőgombával töltött zsemle

Kitermelés: 4 adag

Hozzávalók

- 4 Kerek, jó minőségű fehér zsemle
- 2 nagy gerezd fokhagyma, meghámozva és félbevágva
- 50 milliliter (2 uncia) olívaolaj
- 200 gramm (7 oz.) erdei gomba
- 25 gramm (1 oz.) sótlan vaj
- 50 milliliter (2 oz.) víz 1 1/2 teáskanál citromlével elkeverve
- Só és frissen őrölt fekete bors
- 1 teáskanál friss cseresznye, apróra vágva [fűszer a sárgarépa családból]
- Néhány tárkonylevél, forrásban lévő vízben néhány másodpercig blansírozva, majd apróra vágva
- 1 teáskanál apróra vágott friss petrezselyem
- 50 milliliter (2 oz.) tejszínhab, felvert

Útvonalak

a) Melegítsük elő a sütőt 180'C / 350'F / gáz hőmérsékletre 4. Vegyen ki minden zsemlét, és vágja le a tetejét körülbelül egyharmadával. A puha belsejét kikanalazzuk. Dörzsölje be az üreg belsejét és a "fedő" belsejének felső részét fokhagymával, majd kenje meg olívaolajjal ugyanazokat a felületeket. Tedd az előmelegített sütőbe, hogy megszáradjon és 10 percre ropogós legyen.

b) Az erdei gombát a vajban 1 percig pároljuk. Adjuk hozzá a vizet és a citromlevet, és főzzük még egy percig a gyerek mellett. Kóstoljuk meg, ízesítsük sóval, borssal, majd tartsuk félre. A tejszínhabbal hozzáadjuk az apróra vágott fűszernövényeket, majd megkóstoljuk és sózzuk, borsozzuk.

c) Közvetlenül tálalás előtt keverjük a tejszínhabot a gombához és a levéhez. Osszuk el a gombát minden zsemle mélyedései között, és kanalazzuk rá a szószt. Rátesszük a "fedőt", és tálaljuk.

32. Laposhal erdei gombával és spenóttal

Kitermelés: 4 adag

Hozzávalók

- $\frac{1}{4}$ csésze friss limelé
- 1 evőkanál alacsony nátriumtartalmú szójaszósz
- 2 gerezd fokhagyma; darált
- 2 teáskanál földimogyoró olaj
- 2 teáskanál csirkealaplé
- 1 teáskanál zöldhagyma; darált
- $\frac{1}{4}$ teáskanál pirospaprika pehely
- 4 laposhal filé; körülbelül 5 oz. mindegyik 1" vastag
- 1 csésze tetszőleges vadgomba darabokra vágva
- 2 evőkanál csirke alaplé
- 1 evőkanál mogyoróhagyma; darált
- 2 gerezd fokhagyma; darált
- 2 csokor Spenót; tisztítani és levágni
- Bors

Útvonalak

a) Keverje össze az első 7 laposhal-összetevőt egy kis tálban. Helyezze a laposhalat egy tepsibe. A laposhalra öntjük a pácot, és 1 órára hűtőbe tesszük. Forraljuk fel az alaplét, a medvehagymát és a fokhagymát egy nagy serpenyőben, nagy lángon. Adjunk hozzá spenótot; fedjük le, és főzzük, amíg a spenót meg nem fonnyad, körülbelül 2 percig. Vegyük le a tűzről. Sózzuk, borsozzuk. Fedjük le és tartsuk melegen.

b) Közben előmelegítjük a brojlert. Tegye át a laposhalat a brojler serpenyőbe; tartalék pác. Süsse a laposhalat, amíg a teteje átlátszatlan, körülbelül 3 percig.

c) Fordítsa meg a laposhalat, és tegye a gombát a brojler serpenyőbe. Folytassa a sütögetést, amíg a laposhal éppen meg nem fő, és a gomba megpuhul, körülbelül 3 percig.

d) Forraljuk fel a fenntartott pácot egy nehéz, kis serpenyőben. A spenótot, ha szükséges, leszűrjük, és 4 tányérra osztjuk. A tetejére laposhalat.

e) Ráöntjük a pácot, gombával díszítve tálaljuk.

33.   Krém gombából és vadrizsből

Kitermelés: 1 adag

Hozzávalók

- 7 evőkanál vaj (osztva); (7/8 bot)
- 4 evőkanál univerzális liszt
- 1 csésze forró tej; (fölözött vagy 2%)
- 2 csésze zöldségalaplé; (megosztott)
- $\frac{1}{2}$ csésze szeletelt hagyma; (megosztott)
- $\frac{1}{2}$ teáskanál paprika
- $\frac{1}{2}$ teáskanál Őrölt szerecsendió; (körülbelül) (osztva)
- 3 csésze szeletelt gomba; (osztva) (vékonyra szeletelve)
- 1 babérlevél
- $\frac{1}{4}$ csésze apróra vágott zeller
- 4 egész szegfűszeg
- 1 csésze melegen főtt vadrizs; (kövesse a csomag utasításait)
- 1 evőkanál apróra vágott petrezselyem
- $\frac{1}{4}$ csésze száraz fehérbor
- Só, bors; megkóstolni

Útvonalak

a) Olvasszon fel 4 evőkanál vajat egy nagy serpenyőben alacsony lángon. Hozzáadjuk a lisztet, és állandó keverés mellett 3 percig főzzük. Lassan hozzákeverjük a forró tejet és 1 csésze alaplét. A szószt lassú tűzön, fakanállal folyamatosan kevergetve simára főzzük, körülbelül 15 perc alatt. Egy másik serpenyőben felolvasztunk 1 evőkanál maradék vajat. Adjunk hozzá $\frac{1}{4}$ csésze hagymát, a paprikát és $\frac{1}{8}$ teáskanál szerecsendiót, és főzzük 2 percig. Adjuk hozzá az első keverékhez, és keverjük össze.

b) Ugyanabban a serpenyőben piríts meg 2 csésze szeletelt gombát a maradék 2 evőkanál vajban. Hozzáadjuk a babérlevelet, a maradék $\frac{1}{4}$ csésze szeletelt hagymát, az apróra vágott zellert, a szegfűszeget és a maradék 1 csésze alaplevet. Fedjük le és főzzük közepes lángon 10 percig.

c) A keveréket turmixgépben vagy konyhai robotgépben simára turmixoljuk, körülbelül 1 perc alatt.

d) A gomba/zeller keveréket is finom szitán, a liszt/tej keveréket pedig szűrőszűrőn szűrjük át. Dobja el a zöldségdarabokat.

e) Tegye vissza mindkét keveréket egy nagy serpenyőbe, és keverje össze. Főzzük 5 percig alacsony lángon, kevergetve, amíg sima nem lesz.

f) Keverje hozzá a rizst, a maradék 1 csésze szeletelt gombát, a petrezselymet és a bort. Sózzuk és borsozzuk, ha szükséges. Távolítsa el a babérlevelet, szórja meg a maradék szerecsendióval, és tálalja. 6-7 adagot tesz ki.

34.   Csirkeleves, gomba és maceszgolyó

Kitermelés: 1 adag

Hozzávalók
- 1 evőkanál növényi olaj
- 1 db 3 kilós csirke; darabokra vág
- 2 nagy hagyma; 1 hüvelykes darabokra vágjuk
- 12 csésze víz
- 3 zellerszár; 1 hüvelykes darabokra vágjuk
- 3 szál friss petrezselyem
- 2 babérlevél
- 1 uncia szárított shiitake gomba
- 2 csésze forró víz
- ⅓csésze Csirke zsír; (készletről lefoglalva vagy megvásárolva)
- 4 nagy tojás
- 2 evőkanál apróra vágott friss metélőhagyma
- 1½ evőkanál darált friss tárkony vagy 1 1/2 teáskanál szárított; összeomlott
- 1½ teáskanál Só
- ¼ teáskanál bors
- 1 csésze sózatlan macesalét
- 3½ liter víz; (14 csésze)
- 1 teáskanál darált friss tárkony vagy 1/4 teáskanál szárított morzsolt
- Darált friss metélőhagyma
- 8 adag

Útvonalak

a) Leveshez: Melegítsünk olajat egy nagy fazékban közepes-magas lángon. Adjuk hozzá a csirkét és a hagymát, és főzzük barnára, gyakran kevergetve, körülbelül 15 percig. Adjunk hozzá 12 csésze vizet, zellert, petrezselymet és babérlevelet. Forraljuk fel, lefedjük a felületet. Csökkentse a hőt, és óvatosan párolja, amíg 8 csészére csökken, körülbelül 5 órán keresztül. Szűrjük tálba. Fedjük le és tegyük hűtőbe, amíg a zsír megszilárdul a tetején.

b) Távolítsa el a zsírt a levesből, és tartalékolja a zsírt a maceszgolyókhoz.

c) Matzo golyókhoz: Helyezze a shiitake gombát egy kis tálba. Öntsön rá 2 csésze forró vizet. Hagyja ázni, amíg megpuhul, körülbelül 30 percig.

d) Olvad $\frac{1}{3}$ csésze csirke zsírt és lehűtjük. Egy közepes tálban keverje össze az olvasztott csirkezsírt, $\frac{1}{4}$ csésze shiitake áztatófolyadékot (maradvány), tojást, 2 evőkanál metélőhagymát, $1\frac{1}{2}$ evőkanál tárkonyt, 1 $\frac{1}{2}$ teáskanál sót és $\frac{1}{4}$ teáskanál borsot, és keverje össze. Keverje hozzá a maceszlisztet. Fedjük le és hűtsük 3 órára. (1 nappal előre is elkészíthető. A gombát áztatófolyadékba borítjuk és hűtőbe tesszük.)

e) Mérjünk ki 3 $\frac{1}{2}$ liter vizet egy nagy edénybe. Bőségesen megsózzuk és felforraljuk. Nedves kézzel formázzunk hideg maceszliszt keveréket 1 hüvelykes golyókká, és adjuk hozzá forrásban lévő vízhez. Fedjük le, és forraljuk, amíg a maceszgolyók megpuhulnak és megpuhulnak, körülbelül 40 percig. (Az elkészültség ellenőrzéséhez távolítsunk el 1 maceszgolyót, és vágjuk fel.) Tegyük át a maceszgolyókat a tányérra, hasított kanál segítségével.

f) A gombát lecsöpögtetjük, lecsepegtetjük a folyadékot. A gombát vékonyan felszeleteljük, a szárát eldobjuk. Keverje össze a maradék gombaáztató folyadékot, a gombát, a csirkehúslevest és 1 teáskanál friss tárkonyt egy sűrű, nagy serpenyőben, és forralja fel.

g) Ízlés szerint sózzuk, borsozzuk. Adjunk hozzá matzo golyókat, és pároljuk, amíg át nem melegszik. merőkanál levest tálakba. Díszítsük metélőhagymával és tálaljuk.

35. Vegyes gomba banh mi

2-t tesz ki

Hozzávalók

- 100 g shiitake gomba
- 50 g enoki gomba
- 50 g laskagomba
- 2 evőkanál szezámolaj
- 1 evőkanál citromfű apróra vágva
- 1 teáskanál vörös chili, apróra vágva
- ½ teáskanál só
- 1 teáskanál szójaszósz
- 2 bagett
- 1 evőkanál mogyoróvaj
- 8 szelet uborka
- 6 szál koriander, apróra vágva
- 1 teáskanál szezámmag, pirítva

Útvonalak

a) Szeleteld fel a shiitake-t és az laskagombát, majd vágd le az enoki gombáról a gyökereket.

b) Egy serpenyőben vagy wokban hevítsük fel az olajat közepes lángon, adjuk hozzá a citromfüvet és a chilit, majd dobjuk pár percig, amíg a citromfű enyhén barna és illatos lesz. Adjuk hozzá az összes gombát és jól keverjük össze, majd szórjuk meg sóval. Adjuk hozzá a szójaszószt, és ízlés szerint igazítsuk hozzá.

c) A banh mi összeállításához vágja ketté a bagettet hosszában, és távolítsa el a kenyér belsejében lévő tésztás töltelék egy részét. Ismét közelről, grill alatt vagy sütőben enyhén megpirítjuk a kenyeret, hogy a belseje meleg, a külseje pedig ropogós legyen.

d) A mogyoróvajjal megkenjük a kenyeret, majd a gombát egyenletesen elosztjuk a bagetteken. Rendezzük rá az uborkaszeleteket, majd vágjuk durvára a koriandert és szórjuk rá. Szórjuk meg szezámmaggal, majd egy kis késsel finoman toljuk el az összes hozzávalót a szélétől, zárjuk össze, majd fogyasszuk.

36.   Töltött shiitake

4-et szolgál ki

Hozzávalók

- 12 db közepes méretű shiitake, megtisztítva, szárát kidobva
- Sima liszt, porozáshoz
- 300 g darált csirke
- 150 g rák darált
- 3 újhagyma apróra vágva
- 1 teáskanál gyömbér gyökér, finomra vágva
- 1 evőkanál szaké (rizsbor)
- 1 evőkanál szójaszósz
- Olívaolaj, sütéshez
- Só

A szószhoz

- 4 evőkanál szójaszósz
- 2 evőkanál mirin (édesített rizsbor)
- 1 evőkanál porcukor
- 1 evőkanál szaké

Útvonal:

a) A shiitake belső részét megszórjuk a liszttel. Keverje össze a csirkét, a garnélát, az újhagymát, a gyömbért, a szakét, a szójaszószt és egy csipet sót, majd töltse ki minden gomba üregét.

b) Kevés olívaolajon, lefedve, mindkét oldalát 5 perc alatt megsütjük. Fedjük le és adjuk hozzá a szósz hozzávalóit. Hagyjuk felmelegedni, és egy kicsit pároljuk.

c) Személyenként hármat tálaljunk, mindegyikre egy kis szósszal.

ENOKI GOMBA

37. Enoki Gomba Keverjük Fry

Tálalás: 2

Hozzávalók
- 2x fészket rizstészta
- 2 teáskanál mirin
- 1 evőkanál szezámolaj
- 1 nagy sárgarépa vékony csíkokra hámozva
- 1 piros kaliforniai paprika, apróra vágva
- 1x doboz (7 uncia) bambuszrügy
- 1 piros chili paprika, finomra szeletelve és eltávolítva a magokat
- 6 zöldhagyma, finomra vágva
- 2 gerezd fokhagyma, felaprítva
- 1 kis darab gyömbér, meghámozva és lereszelve
- 2 evőkanál rizsecet
- 1 evőkanál cukor
- 1 teáskanál chili pehely
- 2 evőkanál szójaszósz
- 1 csokor enoki gomba
- 2 nagy tojás
- 2 teáskanál szezámmag

Útvonalak
a) Adja hozzá a meghámozott sárgarépát egy tálba, és öntsön rá 1 evőkanál rizsecetet, az összes cukrot és a chili pehelyt. Használjon tiszta kézzel az ecetet a sárgarépába. Tegyük félre, hogy gyors pácot készítsünk.
b) Főzzük meg a rizstészta fészket a csomagoláson található utasítások szerint, majd szűrjük le és hagyjuk szűrőedényben megszáradni.
c) Melegíts fel egy wokot (vagy egy serpenyőt, ha nincs) közepes-magas lángon, és add hozzá a szezámolajat. Forgassa meg a wokot, hogy bevonja az alját és az oldalát. Amikor forró, hozzáadjuk a kaliforniai paprikát, a bambuszrügyet és az ecetes sárgarépát. Főzzük a

zöldségeket körülbelül 4 percig, folyamatos keverés mellett, amíg a zöldség megpuhul.

d) Adjuk hozzá az enoki gombát, a fokhagymát és a gyömbért, és főzzük további percig, amíg a fokhagyma illatos lesz. Adjuk hozzá a tésztát, majd öntsük hozzá a maradék rizsecetet és az összes szójaszószt. Csökkentse a hőt alacsonyra, és forgassa fel.

e) Közben egy nagy, tapadásmentes serpenyőben hevíts fel egy csipetnyi enyhe étolajat, és süsd meg a két tojást. Ha elkészült a kívánt állagúra, osszuk el a tésztakeveréses tésztát tálak között, és kenjük meg egy-egy tojással.

f) A tetejét megszórjuk a felszeletelt zöldhagymával és szezámmaggal, és tálaljuk. Ha akarod, tehetünk bele egy facsart lime levét is.

38.   Párolt Enoki gomba

Adagolás: 4

Hozzávalók

- 8 oz enoki gomba
- 2 evőkanál szezámolaj
- 1 evőkanál szójaszósz
- 2 gerezd fokhagyma, finomra aprítva
- 4 zöldhagyma, fehér részt eltávolítva, zöld tetejét finomra szeletelve

Útvonalak

a) Távolítsa el az enoki szárak alsó végét. Öblítse le és törölje szárazra konyhai papírral.

b) Melegítsük fel a szezámolajat közepes-magas lángon egy wokban vagy egy serpenyőben. Add hozzá a gombát, amikor az olaj nagyon forró, és pirítsd körülbelül 1-2 percig. Dobd fel a levegőre 10-20 másodpercenként, hogy megfordítsd és minden oldalról megsülj.

c) Vegyük le a hőt, adjuk hozzá a fokhagymát, és főzzük további 30 másodpercig.

d) Adjuk hozzá a szójaszószt, és vegyük le a serpenyőt a tűzről. Azonnal tálaljuk, és megszórjuk a felszeletelt zöldhagymával.

39.   Enoki gombaleves

Tálalás: 2

Hozzávalók
- ½ lb. enoki gomba, gyökereit eltávolítva
- 3 gerezd fokhagyma, felaprítva
- 2 evőkanál ketchup
- 2 evőkanál miso
- 1 thai chili paprika, finomra szeletelve
- 1 evőkanál szezámolaj
- ½ csésze zöldségleves
- Csokor friss koriander, durvára vágva

Útvonalak
a) Először a szezámolajat hevítsük fel egy edényben, közepes lángon. Adjuk hozzá a darált fokhagymát, és óvatosan pirítsuk, amíg illatos lesz; vigyázzon, nehogy megégesse.
b) Addig keverjük hozzá a ketchupot, amíg az alján lévő olaj elkezd pirosodni. Ezután felöntjük a zöldséglevessel. Adjuk hozzá a piros miso pasztát és keverjük össze.
c) Beleszórjuk az enoki gombát, és 1-2 percig főzzük, amíg megpuhul.
d) Merőkanállal osszuk tálakba a levest. A tetejét megszórjuk korianderrel és néhány darab chilivel. Opcionálisan adjunk hozzá még egy csepp szezámolajat.

40.   Enoki gomba Masala

Adagolás: 4

Hozzávalók

- 1 font enoki gomba (nagyjából 4 fürt)
- 1 zöld kaliforniai paprika, kockára vágva
- 1 nagy hagyma, felkockázva
- 4 gerezd fokhagyma, felaprítva
- 1 hüvelykes darab gyömbér, reszelve
- 1 chili, finomra szeletelve
- 1 doboz apróra vágott paradicsom
- 1 teáskanál cukor
- 1 evőkanál vaj vagy ghí
- Friss koriander, durvára vágva

A curry porhoz

- 1 teáskanál köménymag
- 1 teáskanál koriandermag
- 3 kardamom hüvely
- 1 hüvelykes fahéjrúd
- ½ teáskanál fekete bors
- 1 teáskanál őrölt chili por
- 1 teáskanál őrölt kurkuma

Útvonalak

a) A currypor elkészítéséhez adjuk hozzá a köménymagot, a koriandermagot, a kardamomhüvelyeket, a fahéjrudat és a szemes borsot egy száraz serpenyőbe, alacsony, közepes lángon. Enyhén pirítsuk illatosra, de ne hagyjuk megégni, különben keserűvé válnak. Amikor illatos, tegyük át konyhai robotgépbe vagy mozsártörőbe, és törjük össze/zúzzuk finom porrá. Ezután keverjük hozzá a chilit és a kurkumát.

b) Készítse elő a használt rizst a csomagon található utasítások szerint.

c) Melegítsünk fel egy lapos fenekű serpenyőt közepes lángon, adjuk hozzá a vajat vagy a ghít. Amikor felolvadt, hozzáadjuk a felkockázott hagymát. Főzzük, amíg megpuhul és illatos lesz, lehetőleg egy csipet sóval. Ezután adjuk hozzá a fokhagymát, a gyömbért és a kaliforniai paprikát, majd pirítsuk további percig.

d) Beleöntjük a fűszerport, és még egy percig pirítjuk. Adjunk hozzá egy csepp vizet, ha az aljára tapad.

e) Adjuk hozzá az apróra vágott paradicsomkonzervet, majd töltsük félig vízzel, és adjuk hozzá a serpenyőbe. Hozzákeverjük a cukrot és a gombát, majd felforraljuk, lassú tűzön főzzük harminc percig, vagy amíg a szósz besűrűsödik.

f) A rizs tetejére tálaljuk, a curryt friss korianderrel meglocsoljuk.

41.   Enoki gomba tofuval

Adagolás: 3

Hozzávalók
- 17 uncia (500 g) kemény tofu, préselve
- 5 oz. enoki gomba
- 2 mogyoróhagyma felszeletelve, a fehérjét és a zöldjét szétválasztva
- ¼ csésze szójaszósz
- 1 evőkanál mirin
- 2 evőkanál rizsecet
- 2 evőkanál szezámolaj
- 1 ½ evőkanál gochujang
- 2 gerezd fokhagyma, felaprítva
- 1 evőkanál cukor
- 1 ½ csésze főtt rizs
- 1 evőkanál szezámmag

Útvonalak

a) Egy tálban keverje össze a mogyoróhagyma fehér részeit a szójaszósszal, mirinnel, szezámolajjal, rizsecettel, gochujanggal, fokhagymával és cukorral. Öntsünk hozzá $\frac{1}{2}$ csésze vizet is, és keverjük jól össze, amíg a gochujang paszta fel nem oldódik.

b) Vágja fel a tofut $\frac{1}{2}$ hüvelyk vastag darabokra. Mind a négyzet, mind a téglalap működik.

c) Melegíts fel közepes lángon egy vastag fenekű, tapadásmentes serpenyőt mély oldalakkal, és fedd be az alját növényi olajjal. Amikor forró, hozzáadjuk a tofut. A tofudarabokat mindkét oldalukon körülbelül 5 perc alatt aranybarnára sütjük. Lehet, hogy kötegekben kell dolgoznia.

d) Adjuk hozzá az enoki gombát a serpenyőbe. Tartsa a hőt közepesen magas hőmérsékleten, és öntse bele a szószt. Amikor felforr, csökkentsük a hőt.

e) Egy kanál segítségével folyamatosan kanalazzuk a szószt a tofu tetejére. Főzzük további 5 percig, hogy felszívja a szószt, és amíg a gomba megpuhul.

f) A rizs tetejére tálaljuk, a tetejére pedig a hagyma zöld részeit és a szezámmagot szórjuk. Az extra lendületért adj hozzá egy kis házi kimchit.

## 42.	Enoki leves

Kitermelés: 4 adag

Hozzávaló

- 4 csésze alacsony nátriumtartalmú marhahúsleves
- 1 kis sárgarépa, vékonyra szeletelve
- 1 belső zellerszár,
- Aprított
- $\frac{1}{2}$ kis babérszabadság
- 1 teáskanál szárított menta
- 1 evőkanál cukor
- 2 csésze vörösbor
- 1 liter Nagyon érett eper
- Húzott
- 16 Enoki gomba vágva és megmosva

Útvonal:

a) Egy serpenyőben keverje össze az első hét összetevőt. Felforraljuk, majd részben lefedve 20 percig pároljuk. Az alaplevet lehűtjük és leszűrjük, a zöldségeket kidobjuk. Egy konyhai robotgépben keverje össze az epret és egy csésze alaplével. Püré.

b) A pürét összekeverjük a maradék alaplével. Hűtsön két órát. Minden tálba úsztass négy gombát.

43.   Halászlé enoki gombával

Kitermelés: 10 adag

Hozzávaló

- 4 font Fehér hal feje és csontja
- Például a talp; lepényhal, csattanó vagy sügér
- 1 közepes hagyma; darabokra vágjuk
- ½ fej édeskömény; darabokra vágjuk
- 2 sárgarépa; darabokra vágjuk
- 2 zellerszár; darabokra vágjuk
- 2 evőkanál sótlan vaj
- 10 friss citromfű szár
- 1 csésze Sake
- 1 darab gyömbér - (1"); meghámozva, szeletelve
- Vékonyan
- 5 ág lapos petrezselyem
- 5 szál friss koriander
- Extra korianderlevél; köretnek
- 10 szem egész fekete bors
- 1¾ font királyrákcomb; héjak eltávolítva,
- Vágjuk 1/2"-os darabokra
- 7 uncia Enoki gomba;
- Beleértve a sapkákat
- Só; megkóstolni

Útvonal:

a) Helyezze a hagymát, édesköményt, sárgarépát és zellert egy konyhai robotgépbe; pulzál közepesen finomra. Közepes lángon olvasszuk fel a vajat egy 12 literes fazékban. Hozzáadjuk a feldolgozott zöldségeket, és időnként megkeverve 8-10 percig puhára főzzük.

b) 6 citromfű szárat hosszában félbevágunk; félretesz, mellőz. Távolítsa el és dobja el a fennmaradó 4 szár kemény külső rétegeit; keresztben nagyon vékony szeletekre vágjuk, és félretesszük. Adja hozzá a halfejeket és a csontokat az edénybe; emelje a hőt közepesen magasra.

c) Időnként megkeverve főzzük 3-5 percig. Adjon hozzá szakét, gyömbért, citromfű szárát, petrezselymet, koriandert, borsot és $2\frac{1}{2}$ liter vizet.

d) Csökkentse a hőt alacsonyra, távolítsa el a felszínre került habot, és párolja 25 percig.

e) Vegyük le a tűzről; 10 percig állni hagyjuk. Öntse át egy szűrőn, amely dupla nedves sajtruhával van bélelt; dobja ki a szilárd anyagokat. Távolítsa el a zsírt. Adjuk hozzá a rákhúst, a fenntartott citromfű szeleteket és a gombát; sóval ízesítjük.

f) Tegye vissza a levest közepes lángra, és forralja 10 percig. Öntse a levest 12 nagyon kis edénybe, például szaké csészébe. Díszítsd mindegyiket korianderlevéllel, és tálald. Szükség szerint töltse fel. 10-12-ig szolgál.

OSTIGAGOMBÁK

44.   laskagomba mártogatós

Hozzávalók

- 1 kilós friss laskagomba, kézzel aprítva
- 2 evőkanál vaj
- 1/2 teáskanál finomra aprított vöröshagyma
- kötőjel Crystal csípős szószát
- csipetnyi durvára őrölt fekete bors
- 1/4 teáskanál szerecsendió
- 1/4 csésze tejföl
- 3 uncia krémsajt, puha
- 1 teáskanál citromlé
- 2 evőkanál tej

Útvonal:

a) A gombát a vajban egy percig megdinszteljük.

b) Adjuk hozzá a hagymát, a forró mártást, a borsot és a szerecsendiót.

c) Villával egy tálban pépesítsd a krémsajtot; keverjük hozzá a tejfölt, a citromlevet és a tejet.

d) Add hozzá gombás keveréket; jól összekeverni.

e) Chipsekkel, kekszekkel vagy zöldségmártóval tálaljuk.

f) 1 csésze lesz belőle.

45.   Rukkola saláta és osztrigagomba

4-6 adag

Hozzávalók:
- 3 evőkanál extra szűz olívaolaj
- 1/2 kiló laskagomba, vastagon szeletelve
- Só és frissen őrölt bors
- 2 evőkanál balzsamecet
- 1/2 teáskanál finomra reszelt citromhéj
- 2 belső zellerborda, gyufaszálra vágva, plusz juliened zellerlevél a díszítéshez
- 5 csésze bébi rukkola
- 3 uncia Pecorino Romano vagy más éles sajt, zöldséghámozóval leborotváltva
- 3 uncia vékonyra szeletelt pármai prosciutto

Útvonal:
a) Egy nagy, tapadásmentes serpenyőben hevíts fel 1 evőkanál olívaolajat. Hozzáadjuk a gombát, és sózzuk, borsozzuk.
b) Közepesen magas lángon, időnként megkeverve főzzük puhára és enyhén barnára, körülbelül 6 percig. Tegye át a gombát egy tálba, és hagyja kihűlni.
c) Egy nagy tálban keverjük habosra az ecetet a citromhéjjal és a maradék 2 evőkanál olívaolajjal. Sózzuk, borsozzuk. Hozzáadjuk a zeller gyufaszálat, a rukkolát és a gombát, és óvatosan összeforgatjuk.
d) Tegye át a salátát egy nagy tálba vagy tálba, tegye a tetejére a Pecorino Romano-t, a prosciutto-t és a zellerleveleket. Azonnal tálaljuk.

46.   Tészta gombával és Gremolatával

Hozzávalók

- 2 gerezd gömbölyű fokhagyma, finomra aprítva
- 1/2 csésze finomra aprított lapos petrezselyem
- 1 evőkanál finomra vágott citromhéj
- 2 evőkanál extra szűz olívaolaj
- 1 kiló friss laskagomba, vágva
- Só ízlés szerint
- 2 evőkanál száraz fehérbor
- Frissen őrölt fekete bors
- 12 uncia fettuccini vagy farfalle
- 1/4-1/2 csésze tésztafőző víz, ízlés szerint
- 1/4-1/2 csésze frissen reszelt parmezán

Útvonal:

a) A Gremolata elkészítéséhez tegyük a darált fokhagymát, petrezselymet és citromhéjat egy halomba, és aprítsuk össze. Félretesz, mellőz.

b) Kezdjen el melegíteni egy nagy fazék vizet a tésztához. Közben melegíts fel egy nagy, nehéz serpenyőt vagy wokot közepesen magas lángon. Adjunk hozzá 1 evőkanál olívaolajat, és amikor már forró, adjuk hozzá a gombát.

c) A gombát fakanállal kevergetve vagy a serpenyőben megpirítjuk, amíg enyhén megpirulnak és izzadni kezdenek. Adjuk hozzá a sót és a fehérbort, és főzzük tovább, kevergetve vagy a gombát a serpenyőbe dobva, amíg a bor csaknem elpárolog, és a gomba megpirul, körülbelül 5 percig.

d) Adjuk hozzá a maradék evőkanál olajat és a Gremolatát és borsozzuk. Főzzük keverés közben, amíg illatos lesz, még körülbelül 1 percig. Kóstolja meg és állítsa be a sót. A tészta főzése közben tartsa melegen a keveréket.

e) Amikor a víz felforr, bőségesen sózzuk, és hozzáadjuk a tésztát. Al dente főzzük a csomagoláson található utasítások szerint. Lecsepegtetés előtt távolítson el 1/2 csésze tésztafőző vízből. Adjunk hozzá 1/4 csészét a gombához, és keverjük össze.

f) A tésztát lecsepegtetjük, és a gombával egy nagy tésztatálban vagy a serpenyőben összeforgatjuk. Ha száraznak tűnik, adjunk hozzá 2-4 evőkanálnyit a fenntartott főzővízből. Ízlés szerint parmezán sajttal tálaljuk.

47.   Brokkoli-gombás vegyes

Hozam: 6 adag

Hozzávalók
- 1-1/2 kiló friss brokkoli rózsákra vágva
- 1 teáskanál citromlé
- 1 teáskanál só, opcionális
- 1 teáskanál cukor
- 1 teáskanál kukoricakeményítő
- 1/4 teáskanál őrölt szerecsendió
- 1 kilós friss laskagomba, kézzel aprítva
- 1 közepes hagyma, karikákra szeletelve
- 1-2 gerezd fokhagyma, darálva
- 3 evőkanál olívaolaj

Útvonal:
a) Pároljuk a brokkolit 1-2 percig, vagy amíg ropogós nem lesz.
b) Öblítsük le hideg vízben és tegyük félre.
c) Egy tálban keverje össze a citromlevet, a sót, ha szükséges, a cukrot, a kukoricakeményítőt és a szerecsendiót; félretesz, mellőz.
d) Egy nagy serpenyőben vagy wokban nagy lángon pirítsd meg a gombát, a hagymát és a fokhagymát olajon 3 percig. Adjunk hozzá brokkoli és citromlé keveréket; kevergetve 1-2 percig sütjük. Azonnal tálaljuk.

48.   Zöld ganganelli laskagombával

Kitermelés: 1 adag

Hozzávalók:
- Friss zöldtészta, legvékonyabbra sodorva, a gépen
- 4 evőkanál szűz olívaolaj
- 1 közepes vöröshagyma, 1/8"-os kockákban
- 3 evőkanál friss rozmaringlevél apróra vágva
- 1 font friss laskagomba, 1/2"-os darabokban
- $\frac{1}{2}$ csésze fehérbor
- $\frac{1}{2}$ csésze alap paradicsomszósz

Útvonal:
a) Forraljon fel 6 liter vizet, és adjon hozzá 2 evőkanál sót.
b) Vágja a tésztát 2 hüvelykes négyzetekre, majd csavarja körbe egy ceruzával, hogy hegyes végű tollakat formázzon. Félretesz, mellőz.

c) Egy 12-14 hüvelykes Sauté serpenyőben hevíts olajat füstölésig. Adjunk hozzá hagymát és rozmaringot, és főzzük, amíg megpuhul és illatos lesz, körülbelül 6-7 percig.
d) Adjuk hozzá a gombát, és főzzük, amíg megfonnyad, 3-4 percig. Adjuk hozzá a fehérbort és a paradicsomszószt, és forraljuk fel. Csökkentse a hőt, és párolja 5-6 percig.
e) Eközben a tésztát vízbe tesszük, és 8-11 percig puhára főzzük. A tésztát leszűrjük, és a gombával együtt a tepsibe tesszük. Felöntjük a bevonóval, és azonnal tálaljuk.

49. Gyógynövényben párolt laskagomba

Kitermelés: 4 adag

Hozzávalók:
- 1 font laskagomba
- ¼ csésze olívaolaj
- 1 só; megkóstolni
- 1 frissen őrölt fekete bors; megkóstolni
- 5 szál kakukkfű
- 5 szál rozmaring
- 5 szál zsálya
- 5 szál petrezselyem
- 10 gerezd egész fokhagyma
- 2 csésze fehérbor
- 4 radicchio levél csészéhez
- Gyógynövény vinaigrette

Útvonal:

a) Egy tálban összeforgatjuk a gombát olajjal, sóval, borssal.

b) A kés hátuljával finoman törje össze a fűszernövényeket, és tegye őket a mély Sauté serpenyő aljába. Törjük össze a fokhagymát a kés lapjával, helyezzük a fűszernövények köré. Öntsön bort a fűszernövényekre és a fokhagymára. Helyezzen egy párolóedényt a mély Sauté serpenyőbe.

c) A párolóedény alját egyenletesen megtöltjük gombával.

d) Az egész tepsit szorosan lefedjük alufóliával. Közepes lángra tesszük és 10 percig pároljuk. Helyezze a radicchio csészéket a tálalótányérokra.

e) Óvatosan távolítsa el a gombát, és tegye radicchio csészékbe. Meglocsoljuk a Herb Vinaigrette-vel és tálaljuk.

50. Linguine laskagomba szósszal

Kitermelés: 4 adag

Hozzávalók:
- 2 csésze laskagomba; (kb. 1/4 font)
- 1 evőkanál olívaolaj
- 1 gerezd fokhagyma; darált
- $\frac{1}{2}$ teáskanál Só
- 1 csipetnyi frissen reszelt szerecsendió
- $\frac{1}{2}$ csésze zöldségleves
- $\frac{1}{2}$ csésze paradicsomszósz
- $\frac{1}{2}$ csésze zsírszegény tej
- 2 evőkanál darált friss petrezselyem
- $\frac{3}{4}$ font Linguine
- $\frac{1}{4}$ csésze frissen reszelt parmezán sajt; (választható)

Útvonal:
a) Használhat normál gombát, vagy más fajtát, kalandos kedvétől függően. A laskagomba azonban egészen különleges ízt ad.
b) A gombát felkockázzuk. Melegítsük fel az olajat egy nagy, tapadásmentes serpenyőben közepesen magas lángon. Hozzáadjuk a gombát, és időnként megkeverve főzzük 4-5 percig. Adjuk hozzá a fokhagymát, a sót és a szerecsendiót, és keverés közben főzzük 1 percig.
c) Adjuk hozzá a húslevest, a paradicsomszószt és a tejet, és forraljuk fel. Csökkentse a hőt, fedje le és párolja 10 percig, vagy amíg a gomba megpuhul. Keverjük hozzá a petrezselymet és vegyük le a tűzről.
d) Amíg a gomba sül, forraljunk fel egy nagy fazék vizet. Főzzük a linguine-t kemény puhára, körülbelül 9-11 percig. Csatorna.
e) Helyezze a linguine-t egy felmelegített tálba, és öntse meg gombamártással. Ha szükséges, adjunk hozzá reszelt parmezánt.
f) A laskagomba íze, színe és állaga a tenger gyümölcseire emlékeztet.
g) Felkockázva ezek a gombák mártást adnak, amely megjelenésében a kagylómártáshoz hasonlít. Néha azok, akik még nem ismerik a vegetáriánus főzést, szívesen fogyasztanak ismerősnek tűnő ételeket.

51.   laskagomba leves

Hozam: 6 adag

Hozzávalók:
- 1 liter osztriga
- 1 csésze osztriga likőr
- 3 evőkanál vaj
- 1 evőkanál Liszt
- 1 csésze tej
- $\frac{1}{2}$ csésze tejszín
- 2 evőkanál mogyoróhagyma, darálva
- Só, bors
- $\frac{1}{2}$ kiló gomba
- 2 teáskanál petrezselyem, darált

Útvonal:
a) Melegítse az osztrigát likőrben alacsony lángon, amíg a szélei meg nem görbülnek. Lecsepegtetjük, megtakarítjuk az italt.
b) Felolvasztunk 1 evőkanál vajat, elkeverjük a lisztben, és folyamatosan keverjük hozzá a tejet. Forraljuk fel és főzzük 1 percig.
c) Adjunk hozzá tejszínt, medvehagymát, petrezselymet, sózzuk és borsozzuk. Melegítse a gombát a maradék vajban, amíg meg nem pirul, de ne barnuljon meg.
d) Keverje össze a gombát, az osztrigát és az osztriga likőrt a tejszínes szósszal. Azonnal tálaljuk.

52.   laskagomba linguinivel

Kitermelés: 1 adag

Hozzávalók:
- 1 kis hagyma; felkockázva
- 1 gerezd fokhagyma; darált
- 50 grammos Fresh rakéta
- 200 gramm laskagomba
- 100 milliliter Zöldséglé - dupla erősségű
- 2 pohár fehérbor
- Olivaolaj
- 100 gramm gomba; felkockázva
- 100 gramm Linguini tészta
- 2 evőkanál Brandy
- Só és őrölt fekete bors
- 150 milliliter szója

Útvonal:

a) A fehérboros szósz elkészítéséhez olívaolajon megdinszteljük a hagymát. Adjuk hozzá a fokhagymát, és 1 perc múlva adjuk hozzá az apróra vágott gombát. 4 percig főzzük, amíg nem képződik több folyadék. Adjunk hozzá brandyt és gyújtsuk meg. Adjunk hozzá alaplevet és bort, és csökkentsük.

b) Egy másik serpenyőben olívaolajon 4 percig pároljuk a laskagombát. Forraljuk fel a sós vizet, és főzzük meg a linguinit. A főzés utolsó percében adjuk hozzá a rakétaleveleket. Adjuk hozzá a Soya Dreamet a szószhoz, és melegítsük át.

c) Lecsepegtetjük a linguinit, adjunk hozzá egy csipetnyi olívaolajat, őröljük meg a borsot, és tálaljuk fel. Tányéron laskagombát tegyünk fehérboros szószba.

53.   Pácolt laskagomba chilivel

Kitermelés: 1 adag

Hozzávalók:

- 6 gerezd fokhagyma
- 300 milliliter dél-ausztrál extra szűz olívaolaj
- 4 tálca laskagomba
- 2 kis csípős chili; nagyon apróra vágva
- 4 nagy édes piros chili; magozott és finoman
- $\frac{1}{2}$ teáskanál tengeri só
- $\frac{1}{2}$ teáskanál durvára tört fekete bors
- 300 ml balzsamecet
- A fokhagymát kevés olívaolajon aranybarnára pároljuk.

Útvonal:

a) Kivesszük a tepsiből, és papírtörlőn lecsepegtetjük.

b) Adjuk hozzá a maradék olajat, és forgassuk a hőt a legmagasabb pontra. Amikor nagyon forró, hozzáadjuk az összes gombát, és óvatosan, de folyamatosan kevergetve aranybarnára sütjük.

c) Hozzáadjuk az apróra vágott chilit és chili julienne-t, sózzuk, borsozzuk, még egy percig főzzük, majd jól állva, mert néha meggyullad, hozzáadjuk az ecetet.

d) Keverjük át, és vegyük le a tűzről, keverjük hozzá a fokhagymát.

54.   Párolt laskagomba

Kitermelés: 4 adag

Hozzávalók:
- 8 uncia friss laskagomba
- 1 evőkanál fokhagyma, darált
- 2 teáskanál olívaolaj
- 1 teáskanál rozmaring, darálva
- 1 teáskanál margarin, opcionális
- 2 teáskanál univerzális liszt
- 1 teáskanál Sherry
- 1 evőkanál Tamari

Útvonal:
a) Óvatosan öblítse le és szárítsa meg a gombát. Vágd egyforma méretűre és tedd félre.
b) A fokhagymát olajon, közepes lángon 15-20 másodpercig megdinszteljük. Hozzáadjuk a gombát és 3 percig pirítjuk.

c) Adjuk hozzá a rozmaringot és a margarint, és főzzük, amíg a margarin felolvad, körülbelül 30 másodpercig. Beleszórjuk a lisztet, és folyamatosan kevergetve főzzük.
d) Adjuk hozzá a többi hozzávalót, és addig keverjük, amíg a folyadék kissé besűrűsödik és a gomba megpuhul. Körülbelül 4 perc.

55.   Sült tengeri kagyló és laskagomba

Kitermelés: 1 adag

Hozzávalók:
- ¼ csésze mogyoróhagyma; finomra felkockázva
- ½ evőkanál darált fokhagyma
- ¼ csésze darált gyömbér
- ½ evőkanál thai chilei fokhagyma szósz
- 1 csésze balzsamecet
- ¾ csésze szójaszósz
- 1 ½ csésze olívaolaj
- ½ csésze szójaolaj
- 1 font laskagomba; szára le
- 1 kiló Babaspenót
- ½ csésze darált gyömbér
- 1 evőkanál darált fokhagyma
- 2½ evőkanál Yuzu
- 3 uncia Yuzu lé
- ¼ csésze szójaszósz
- ½ csésze rizsecet
- 2 evőkanál rizsecet
- 2 evőkanál fehérborecet
- ¾ csésze szőlőmagolaj
- 30 10 tengeri kagyló
- 6 uncia édes vaj

Útvonal:

a) Keverje össze a medvehagymát, a fokhagymát, a gyömbért, a chilis fokhagymaszószt, a balzsamecetet és a szójaszószt egy tálban. Lassan adjuk hozzá az olívaolajat, de ne emulgeáljuk.

b) BABASPENŐS ÉS OSZTRIGAGOMBÁS SALÁTA: Egy erős serpenyőt magas lángon melegítsen füstölésig.

c) Először szójaolajat, majd közvetlenül utána laskagombát adunk hozzá, kevergetve kb. 2 percig sütjük, vagy amíg aranybarna nem lesz.

d) Vegyük ki a gombát a serpenyőből egy tepsibe, és terítsük szét egy rétegben.

e) Csorgassunk körülbelül ½ csésze szójabalzsamecet-vinaigrettet a gombára, és hagyjuk 15 percig pácolódni (akár 6 órával korábban is megtehetjük).

f) Tegye félre, és dobja fel később a babaspenóttal és a további vinaigrette-vel együtt.

g) CITRUSOS CHILISZÓSZ: Tegye a gyömbért, a fokhagymát, a yuzu kosho-t, a yuzu-t, a szóját, a rizsecetet és a fehérborecetet egy turmixgépbe, és kapcsolja be a közepes sebességet, és lassan csepegtesse meg a szőlőmagolajat. A vinaigrettet emulgeálni kell.

h) Melegítsünk fel egy nagy teljesítményű serpenyőt nagy lángon.

i) A tengeri herkentyűket mindkét oldalukon sóval, borssal ízesítjük, majd puha vajjal megkenjük.

j) Helyezze a tengeri herkentyűket forró serpenyőbe, és süsse aranybarnára mindkét oldalát, körülbelül 1,5-2 percig mindkét oldalon), közepesen ritka a kívánt adag.

k) Dobja fel a bébispenótot, a gombát és a szója-balzsamecetes vinaigrettet, végül módosítsa a fűszerezést, és halmozzon salátát egy tányér közepére.

l) A tengeri herkentyűket vízszintesen vágjuk, és a saláta köré rendezzük.

m) Csorgassunk kívánt mennyiségű Citrus Chili Vinaigrette-et a fésűkagylóra

56.   Pisztráng shitakival és laskagombával

Kitermelés: 1 adag

Hozzávalók:
- 1 400 g; (14oz) egész pisztráng
- 200 gramm friss laskagomba; (7 uncia)
- 200 gramm friss shitake gomba; (7 uncia)
- 120 gramm vaj; (4 1/4oz)
- Friss kakukkfű
- 3 fej friss fokhagyma
- 2 citrom
- Aprított friss lapos petrezselyem
- Só, bors

Útvonal:

a) Hámozzuk meg a fokhagyma felét, és dupla blansírozzuk forrásban lévő vízben kb. 3 percig minden alkalommal. A gombát és a fokhagymát tűzálló edénybe tesszük, és jól fűszerezzük.

b) Adjunk hozzá friss kakukkfüvet és a vaj felét a tetejére. Előmelegített sütőbe tesszük 200°C/400øF/6-os gázjelzéssel kb. 20 percre.

c) Főzés közben készítse elő a pisztrángot, és vágja le a bőrét, majd helyezze egy másik tálra, amely tűzálló. Hozzáadjuk a maradék vajat, kakukkfüvet, citromot és fokhagymát, és jól fűszerezzük.

d) Sütőbe tesszük, és ugyanabban a sütőben sütjük, mint a gombát. A két edényt főzés közben meglocsoljuk, a sütőből kivéve a gombához adjuk az apróra vágott petrezselymet és tálaljuk.

57. Fa laskagomba gyömbérleves

Hozam: 6 adag

Hozzávalók:
- 6 csésze csirke húsleves; alacsony zsírtartalmú, alacsony nátriumtartalmú
- 1 teáskanál szezámolaj
- 1 csésze friss laskagomba; vagy shiitake gombát
- 1 csésze szeletelt fehér gomba
- 2 gerezd fokhagyma; darált
- 2 evőkanál darált zöldhagyma
- 1 evőkanál darált gyömbér
- Frissen őrölt fehér bors

Útvonal:
a) Forrósíts fel ½ csésze húslevest és az olajat egy serpenyőben nagy lángon. Hozzáadjuk mindkét gombát, és 5 percig pirítjuk.
b) Adjuk hozzá a fokhagymát és pirítsuk 1 percig.
c) Adjuk hozzá a zöldhagymát, a maradék húslevest és a gyömbért. 15 percig pároljuk.
d) Megszórjuk frissen őrölt fehér borssal és tálaljuk.

58. Vízitorma és laskagomba leves

Kitermelés: 1 adag

Hozzávalók:

- 1 közepes hagyma
- 30 gramm sótlan vaj
- 250 gramm laskagomba
- 420 milliliter Zöldséglé
- 2 csokor Vízitorma
- 2 evőkanál Madeira
- 420 milliliter Dupla tejszín
- Só és őrölt fekete bors

Hozzávalók:

a) A hagymát megpucoljuk és finomra vágjuk. Egy nagy serpenyőben felolvasztjuk a fél vajat, hozzáadjuk a hagymát és puhára pirítjuk. A gombát apróra vágjuk. A serpenyőben lévő hagymához adjuk a felét, és puhára főzzük. Öntsön alaplevet egy serpenyőbe, és forralja fel.

b) Mossa meg és vágja le a vízitormát. Tartson néhány levelet a díszítéshez. Merítse a vízitormát forrásban lévő alaplébe, és hagyja állni körülbelül 30 másodpercig, amíg megpuhul és smaragdzöld színű lesz. Vegye le a serpenyőt a tűzről.

c) A levest azonnal turmixgépben vagy konyhai robotgépben pürésítse, hogy élénkzöld színt kapjon. Öblítse le a serpenyőt. Tegyük vissza a levest a serpenyőbe, szitán passzírozzuk át.

d) A maradék vajat felolvasztjuk egy kis serpenyőben, és megpirítjuk benne a felaprított gombát.

e) Adja hozzá a Madeira-t a serpenyőhöz, és csökkentse, hogy a folyadék elpárologjon. Adjunk hozzá tejszínt és forraljuk fel. Csökkentse újra, hogy besűrűsödjön, és kissé karamellizálja a tejszínt, így diós ízt kap.

f) A karamellizált tejszínt a vízitormapüréhez keverjük, és óvatosan felmelegítjük. Ízlés szerint sózzuk, borsozzuk. Tálalás előtt díszítsük fenntartott vízitorma levelekkel.

SVÁJCI BARNA GOMBÁK

59.   Karfiol palacsinta gombával

4. SZOLGÁLT

Hozzávalók:

- 500g csomag fagyasztott Birds Eye karfiol Vegarizs
- 3 tojás, enyhén felverve
- 1 csésze reszelt ízletes sajt
- 2 evőkanál magától kelő liszt
- $\frac{1}{2}$ teáskanál paprika
- $\frac{1}{2}$ teáskanál szárított oregánó
- 3 evőkanál extra szűz olívaolaj
- 200 g svájci barna gomba, szeletelve
- Választható reggeli mellé, pl
- paradicsom vagy fonnyadt spenót.

Útvonal:

a) Olvassza fel a fagyasztott Birds Eye karfiol vegarizst a hűtőszekrényben. A felolvasztás után a karfiolrizsből egy muszlin kendővel vagy egy finom szitán nyomjuk ki a felesleges nedvességet.

b) Egy közepes tálban keverje össze a karfiol rizst, a tojást, a sajtot, a lisztet, a paprikát és az oregánót. Ízlés szerint fűszerezzük. A keverékből 4 x 10 cm-es pogácsákat formázunk.

c) Melegítsünk fel 1 evőkanál olajat egy tapadásmentes serpenyőben közepesen magas lángon. Egyenként sütjük meg a palacsintát. A keverék negyedét kanalazzuk a serpenyőbe, majd spatulával lenyomjuk, hogy 10 cm-re és 1 cm vastagra lapítsuk. 2-3 perc alatt mindkét oldalát aranybarnára sütjük.

d) Ha szükséges, a palacsinta sütése között adjon hozzá több olajat a serpenyőbe. Vegye ki a palacsintákat a formából, helyezze nedvszívó papírra, és tartsa melegen.

e) Törölje tisztára a serpenyőt, melegítse fel a maradék olajat, és tegye bele a gombát. Rendszeresen kevergetve 4-5 percig aranybarnára sütjük. A gombát karfiol palacsintával és a reggeli oldalával tálaljuk.

60.   Vega rizzsel és gombával tápláló tál

4. SZOLGÁLT

Hozzávalók:
- 2 evőkanál extra szűz olívaolaj
- 200 g svájci barna gomba félbevágva
- 1 evőkanál só csökkentett szójaszósz
- 500 g csomag fagyasztott madárszem sárgarépa karfiol brokkoli zöldség rizs
- 1 csésze bébispenót levél
- 1 avokádó, szeletelve
- 2 csésze finomra reszelt vörös káposzta Sült szezámöntet, tálaláshoz

Útvonal:
a) Melegítsünk fel 1 evőkanál olajat egy tapadásmentes serpenyőben közepesen magas lángon. Adjuk hozzá a gombát, és főzzük rendszeresen kevergetve 4-5 percig, vagy amíg aranybarna nem lesz. Adjuk hozzá a szójaszószt, és keverjük bevonni. Kivesszük a tepsiből, félretesszük és melegen tartjuk.
b) Adja hozzá a maradék olajat ugyanabba a serpenyőbe. Adjunk hozzá fagyasztott Birds Eye zöldségrizst, és főzzük 6 percig, rendszeres keverés mellett.
c) Keverjük át a spenóttal, és főzzük tovább további 2 percig.
d) A főtt zöldségrizst, a gombát, az avokádót és a káposztát tálalótálakba osztjuk. Az öntetet meglocsoljuk és azonnal tálaljuk.

MORELS

61.   Lazac és morzsák

Hozzávalók:

- 3 csésze morzsa, hosszában felszeletelve
- 4 nagy lazac filé (adag méretű, 8 uncia vagy kisebb)
- 3 evőkanál vaj
- 3 gerezd fokhagyma, felaprítva
- 1 csésze fehérbor
- 2 evőkanál citromlé
- Só és bors ízlés szerint

Útvonal:

a) Olvasszuk fel a vajat egy nagy serpenyőben közepes lángon. Adjuk hozzá a fokhagymát és főzzük egy percig. Ezután adjuk hozzá a morzsát, és addig főzzük, amíg éppen kezdenek barnulni.

b) Felöntjük a borral, és gyakran kevergetve addig főzzük, amíg majdnem elpárolog. Ha kész, tegyük át a gombát egy tálba.

c) A halat megsütjük a gyors és egyszerű főzés érdekében. A filéket bőrös oldalukkal lefelé egy brojlerserpenyőbe tesszük, és meglocsoljuk citromlével. Ízlés szerint mindegyik tetejére tehetünk egy kis vajat.

d) Forgatás nélkül pároljuk, amíg kész nem lesz. Ellenőrizze őket 6 perc múlva, de lehet, hogy egy kicsit tovább kell mennie.

e) Ha kész, vegye ki a halat a brojlerből, és adjon hozzá tetszőleges sót és borsot. A morzsákat egyenletesen kanalazzuk minden filére.

f) Borral tálalja barátait, hogy megmutassa nekik, milyen csodálatos szakács vagy.

62.   Házi készítésű gombaleves krém

Hozzávalók:
- 1 font friss morzsa, apróra vágva
- 2 evőkanál vaj
- 1 csésze alaplé
- 1 csésze nehéz tejszín
- 1 csésze fehérbor
- 2 csésze víz
- 1 póréhagyma apróra vágva és csak a fehér részét felhasználva
- 3 burgonya
- Só és bors ízlés szerint

Útvonal:
a) Adjunk hozzá vizet egy leveses fazékhoz, és forraljuk fel alacsonyan. Ha felforrt, beledobjuk a burgonyát, és hagyjuk egészen puhára főni. Ez általában körülbelül 20-30 percet vesz igénybe.

b) Olvasszuk fel a vajat egy nagy serpenyőben közepes lángon. Hozzáadjuk a morzsát és a póréhagymát, és addig főzzük, amíg a morzsa éppen barnulni nem kezd.

c) Felöntjük a borral, és addig főzzük, amíg majdnem teljesen elpárolog. Ezután adjuk hozzá az alaplevet, gyakran kevergetve. Vegyük le a tűzről, ha a burgonya még nem sült meg.

d) Amikor a burgonya megpuhult, hagyja egy kicsit lehűlni a vizet, mielőtt a keveréket egy turmixgépbe tenné. Keverjük simára, majd tegyük vissza az edénybe a vízzel együtt.

e) Adjuk hozzá a morel és póréhagyma keveréket a burgonyához, és forraljuk fel. Főzzük néhány percig, amíg át nem melegszik.

f) Adjuk hozzá a tejszínt, sózzuk, borsozzuk, és addig keverjük, amíg a leves felmelegszik és ízlésünk szerint besűrűsödik.

63.   Morel tészta

Hozzávalók:
- 1/2 font morzsa
- 3 evőkanál vaj
- 3 gerezd fokhagyma, felaprítva
- 1 kisebb hagyma, apróra vágva
- 1 csésze reszelt sajt
- 8 oz. tojásos nokedli

Útvonal:
a) Forraljuk fel a vizet és főzzük ki a tésztát a kívánt puhára. Inkább az enyém al dente.

b) A tészta főzése közben olvasszuk fel a vajat egy serpenyőben, közepes lángon. Adjuk hozzá a fokhagymát, a hagymát és a morzsát. Addig főzzük, amíg a gomba a folyadék nagy részét ki nem adja, és kissé megpirul.

c) A serpenyő zsúfolt lesz, ezért gyakran keverje meg. Ha a gomba/hagyma keverék a tészta előtt elkészül, csökkentse a hőt alacsonyra.

d) Ne felejtsd el megnézni a tésztát, amíg a gomba sül! Ha kész, leszűrjük, és a többi hozzávalóval együtt a serpenyőbe tesszük, az egészet összekeverjük.

e) Az egészet befedjük a reszelt sajttal, és addig főzzük, amíg el nem olvad.

64. Könnyű csirke és morzsa

Hozzávalók:

- 3 csésze morzsa, hosszában felszeletelve
- 4 csont nélküli, bőr nélküli csirkemell
- 4 evőkanál vaj
- 1/2 csésze csirke alaplé
- 1/2 csésze nehéz tejszín
- 2 evőkanál citromlé
- 1/2 csésze liszt
- 3 medvehagyma apróra vágva
- 3 gerezd fokhagyma, felaprítva
- Só és bors ízlés szerint

Útvonal:

a) Melegítsük elő a sütőt 300 fokra.

b) Olvassz fel 2 evőkanál vajat egy nagy serpenyőben közepes lángon. Ahogy olvad, lisztezzük meg a csirkemellet.

c) Tedd a csirkét a serpenyőbe, és megfordítva süsd, amíg mindkét oldala enyhén megpirul. Ez valószínűleg 8-10 percet vesz igénybe.

d) Vegye ki a csirkét a serpenyőből, és tegye egy serpenyőbe. Ha kész a sütő, tedd bele a tepsibe, és süsd addig, amíg a csirke át nem melegszik.

e) Amíg a csirke sül, olvasszuk fel a másik 2 evőkanál vajat a serpenyőben közepes lángon. Adjuk hozzá a morzsát, a medvehagymát és a fokhagymát. Főzzük 3 percig, gyakran kevergetve.

f) Felöntjük a csirke aplével, és addig főzzük, amíg a felére csökken.

g) Adjuk hozzá a tejszínt, a citromlevet, sózzuk, borsozzuk. Addig főzzük, amíg a folyadékok a kívánt állagú szószra fogynak.

h) Folyamatosan ellenőrizze a csirkét, miközben a morzsák főznek. Ha mindkettő elkészült, vegyük le a tűzről, és kanalazzuk rá a szószt a csirkére.

65. Rákkal töltött morzsa

Hozzávalók:

- 12 morzsa, hosszában félbevágva
- 1 csésze rákhús
- 2 evőkanál vaj
- 1 tojás, felvert
- 2 gerezd fokhagyma, felaprítva
- 2 evőkanál könnyű majonéz
- 2 evőkanál száraz zsemlemorzsa
- Só és bors ízlés szerint
- Melegítse elő a sütőt 375 fokra.

Útvonal:

a) Egy nagy tálban keverjük össze a rákhúst, a majonézt, a felvert tojást, a fokhagymát, a zsemlemorzsát, a sót és a borsot. A hozzávalókat jól összekeverjük.

b) Permetezzen be egy tepsi alját tapadásmentes főzőspray-vel. A vajat egy serpenyőben felolvasztjuk, és a tepsi aljára kenjük. Helyezze a morzsát az edény aljára úgy, hogy az üreges belseje felfelé nézzen.

c) Minden morzsát megtöltünk a töltelékkel. Tegye be a sütőbe, és süsse, amíg a gomba aranybarna nem lesz, körülbelül 8-15 perc alatt.

d) Azonnal tálaljuk.

66.   Rántotta Morel Tojás

Hozzávalók:

- 1/2 font morzsa, hosszában felszeletelve
- 1/4 csésze tej
- 3 evőkanál vaj
- 3 zöldhagyma, apróra vágva
- 1/2 tucat tojás, felvert

Útvonal:

a) Olvasszuk fel a vajat egy nagy serpenyőben, és adjuk hozzá a morzsát és a zöldhagymát. Addig főzzük, amíg a morzsák barnulni nem kezdenek.

b) Amíg a gomba sül, egy tálban keverjük össze a tojást és a tejet.

c) Öntsük a felvert tojásos keveréket a serpenyőbe a gombával. Addig kavarjuk, amíg a tojás tetszés szerint meg nem fő.

67.   Spárga és morzsa

Hozzávalók:
- 1/2 font friss morels, hosszában szeletelve
- 2 evőkanál vaj
- 2 csokor spárga, 1 hüvelykes darabokra vágva
- 1 medvehagyma, apróra vágva
- 2 gerezd fokhagyma, felaprítva

Útvonal:
a) Olvasszuk fel a vajat egy serpenyőben közepes lángon. Adjuk hozzá a mogyoróhagyma darabokat, a fokhagymát, a morzsát és a spárgát.
b) Főzzük, amíg a morzsa megpirul, és a spárga megpuhul, általában 8-10 percig.

68.   Sajttal töltött morzsák

Hozzávalók:

- Sok egész közepes morzsa, legalább 12-16. Ne szeletelje fel őket.
- 1 evőkanál vaj
- 2 evőkanál olívaolaj
- 1/2 font spenót (8 oz.), amennyire csak lehetséges, apróra vágva
- 1 csésze Ricotta sajt
- 1 csésze reszelt svájci sajt
- 2 evőkanál fenyőmag vagy dió, apróra vágva
- 4 zöldhagyma, apróra vágva
- 2 gerezd fokhagyma, felaprítva
- 1/2 teáskanál szerecsendió
- Só és bors ízlés szerint

Útvonal:

a) Melegítse elő a sütőt 375 fokra.

b) Először elkészítjük a tölteléket. Olvasszuk fel a vajat közepes lángon egy serpenyőben. A zöldhagymát és a fokhagymát 5 percig pirítjuk, majd levesszük a tűzről és hagyjuk kihűlni.

c) Egy nagy tálban keverje össze az összes sajtot, spenótot, diót, sót, borsot, fokhagymát, zöldhagymát és szerecsendiót. Jól összekeverni.

d) Készítse elő a gombát úgy, hogy levágja a kiálló szárakat, hagyjon nyílást az alján.

e) Permetezzen be egy tepsit tapadásmentes főzőpermettel. Óvatosan megtöltjük minden morzsát, megkenjük egy kevés olívaolajjal, és beletesszük a serpenyőbe. Főzzük, amíg a gomba aranybarna nem lesz, általában 10-20 percig.

f) Azonnal tálaljuk. Nem tartanak sokáig!

69.   Morzsa liszttel

Hozzávalók:

- Morl egy csomót (szeletekre vágva)
- 1/2 csésze liszt (vagy több)
- 4 evőkanál vaj vagy margarin
- Só
- Bors

Útvonal:

a) Kenje be a morzsákat lisztbe (akár egy gallonos cipzáras zacskóba, amelyben liszt van, vagy egy liszttel borított tányért)

b) Serpenyőben közepes lángon olvasszuk fel a vajat/margarint (ne hevítsük túl!!!!!)

c) A gombát vajban/margarinban (enyhén) megdinszteljük. Fordulás, amikor szükséges.

d) Vegyük ki a serpenyőből, és ízlés szerint sózzuk, borsozzuk.

70.   Serpenyőben sült morzsa

Hozzávalók:

- Morel gomba durva
- 2 csésze organikus liszt
- $\frac{1}{4}$ teáskanál Cayenne bors por
- $\frac{1}{4}$ teáskanál Hagymapor
- Rengeteg tengeri só sóoldathoz
- 2 tojás
- $\frac{1}{2}$ csésze tej
- 1 Rúd vaj vagy ghí

Útvonal:

a) Először sós sós vízfürdőben pácolja be a morzsákat víz és só felhasználásával.

b) Keverje össze a tojást és a tejet egy tálban.

c) Egy tálban összekeverjük a lisztet és a fűszereket.

d) Olvasszuk fel a vajat (vagy sütőolajat) egy serpenyőben közepes/alacsony hőfokon.

71.   Morzsa vajban

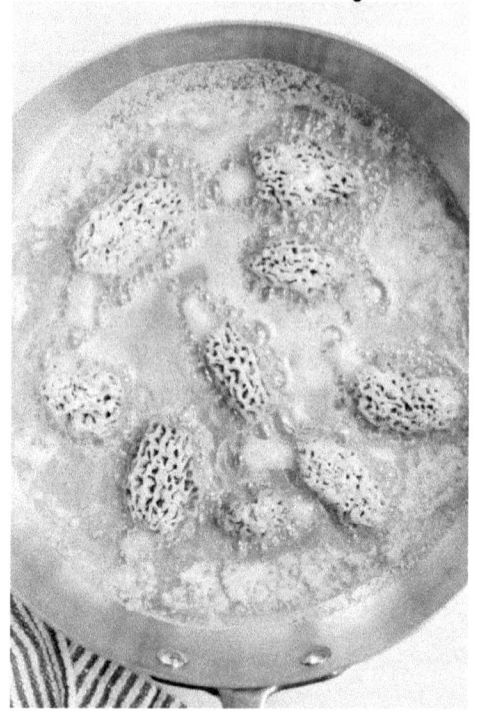

Hozzávalók:
- morzsák
- rizs liszt
- búzaliszt
- 4 rúd vaj
- só
- bors

Útvonal:

a) A morzsát meghintjük rizsliszttel, majd vajban kisütjük.

b) Élvezd.

72. Morel gombaszósz

ADAGOLÁS 4 fő

Hozzávalók:

- 4 Csont nélküli csirkemell helyettesítő pillangós üröm hallal, fácánmellel vagy borjúszelettel
- 3 evőkanál vaj (nem helyettesíthető)
- 3 csésze morzsa (1" hosszúra szeletelve)
- $\frac{1}{2}$ evőkanál szárított petrezselyem
- $\frac{1}{4}$ teáskanál bors
- $\frac{1}{4}$ csésze zöldhagyma (vékonyra szeletelve)
- $\frac{1}{2}$ csésze száraz fehérbor
- 2 csésze tejszínhab
- 1 teáskanál só
- $\frac{1}{2}$ teáskanál dijoni mustár

Útvonal:

a) Pár evőkanál forró vajban készre pároljuk a kicsontozott csirkemelleket. Tartsa melegen, amíg a szósz el nem készül.

b) Egy 12 hüvelykes tapadásmentes serpenyőben melegítsen 3 evőkanál. vaj (nem helyettesíthető) med.-magas lángon habzásig.

c) Adjon hozzá 3 csésze kis szürke morzsát – a nagyobb morzsákhoz legfeljebb 1 hüvelyk hosszú szeletekre vágva.

d) Időnként megkeverve pároljuk 15-20 percig. amíg kissé ropogós nem lesz.

e) Adjunk hozzá 1/4 C. vékonyra szeletelt zöldhagyma tetejét, 1/2 evőkanál. szárított petrezselymet, 1/4 teáskanál szerecsendiót, 1/4 teáskanál borsot, 1 teáskanál sót, és pár percig főzzük.

f) Vegyük magasabbra a hőt, és adjunk hozzá 1/2 C-os száraz fehérbort, és csökkentsük majdnem mázasra.

g) Kapcsolja a hőt med. és adjunk hozzá 2 C. habtejszínt és 1/2 teáskanál dijoni mustárt.

h) Lassú forralással kissé csökkentjük, amíg besűrűsödik – körülbelül 10-12 perc.

i) Tányérra tálaljuk a szószt a csirkére.

73.   Morel sós keksszel

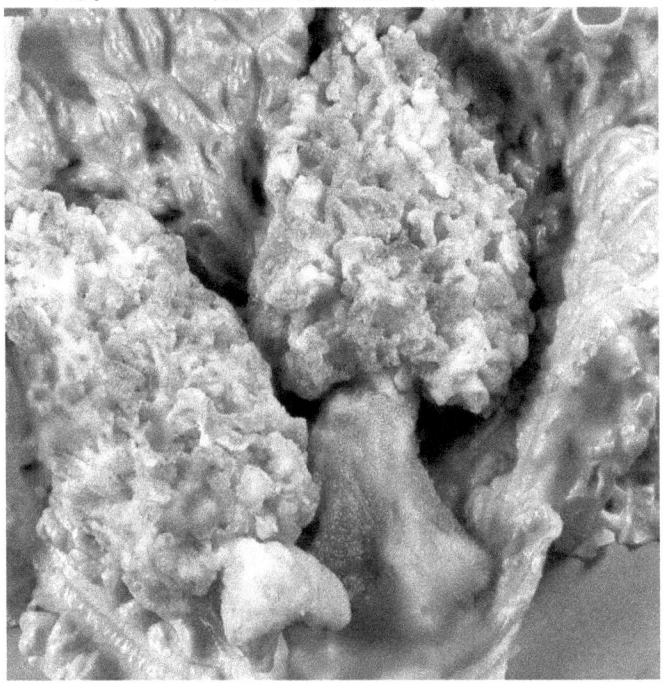

Hozzávalók:

- friss morels hosszában felszeletelve
- ⅓ főzőolaj
- 1 doboz sós keksz
- 3 tojás
- só
- 1 teáskanál bors
- 1 teáskanál paprika
- 1 evőkanál fűszer
- 1 csésze liszt
- ⅓ csésze víz

Útvonal:

a) A gombát enyhén megmossuk és hosszában félbevágjuk. Előzetesen beáztatjuk sós vízbe. (Lehetőleg egy éjszakán át). Ez segít semlegesíteni a savat... elkerülni az „emésztési" problémákat.

b) Melegítsen elő körülbelül 1/3" étolajat egy 10"-es öntöttvas serpenyőben, közepes lángon.

c) Készítsen papírtörlőt, hogy a felesleges olajat lecsöpögtesse a főtt gombáról.

d) Öblítse le és csepegtesse le a gombát egy nagy szűrőedényben.

e) Ürítsen (2) a Saltine kekszet belső csomagját egy 1 gallonos Ziploc tasakba. Sodrófa segítségével finom omlós állagúra törjük össze.

f) Adjon hozzá 1 C lisztet, 1/2 evőkanál fűszersót és 1 teáskanál borsot és paprikát. Rázzuk össze, és tegyük egy sekély serpenyőbe vagy rakott tálba.

g) Egy kis tálban verjünk fel 3 tojást.

h) Adjunk hozzá vizet, borsot és jól keverjük össze.

i) Egyik kezével mártsa bele a gombát a tojásmosóba, hagyja, hogy a felesleg lecsepegjen. Dobd bele a kekszbe.

j) Másik kezével azonnal dobjon még több kekszet a tetejére, hogy az egész gombát ellepje. Rázza le a felesleget, nehogy megégjen a serpenyőben.

k) Főzés

l) Felhevített olajba tesszük... osztott oldalával lefelé. Folytassa, amíg a serpenyő meg nem telik.

m) Enyhén aranybarnára sütjük. Megfordítjuk csipesszel, és a másik oldalát aranybarnára sütjük. Fordítsa vissza őket egy kicsit, hogy a felesleges olaj jobban kifolyjon.

n) Helyezze papírtörlőre... osztott oldalával lefelé. Enyhén sózhatja, de NEM szükséges. Ne akard eltemetni a gomba ízét... Jó ötlet először ízesíteni.

o) Folytassa, amíg az összes gomba meg nem fő... Lehet, hogy el kell hárítani a lelkes fogyasztókat.

74.　Morzsa zsemlemorzsával és parmezánnal

Hozzávalók:

- 15-20 közepes méretű morzsa megmosva és félbevágva
- 1 csésze zsemlemorzsa
- 1 evőkanál őrölt fekete bors
- 1 evőkanál zúzott tengeri só
- 3 evőkanál parmezán sajt finomra reszelve
- 3-4 vastag szelet közepes cheddar
- 1 tojás a tojásmosáshoz
- 4 rúd vaj

Útvonal:

a) Keverje össze az összes száraz hozzávalót egy sekély tálban. (zsemlemorzsa, parmezán sajt, só, bors)

b) Meleg egészséges mennyiségű vajat kis serpenyőben.

c) A tojást felverjük és egy külön sekély tálba tesszük.

d) Főzés

e) A gombát tojásmosóba mártjuk, zsemlemorzsás keverékbe beleforgatjuk, majd azonnal forró vajba tesszük. Ropogós aranybarnára sütjük.

f) vegye ki a serpenyőből, és rendezze el a gombát egy kis sütilapon, mindegyik közepére helyezzen egy 1/4 hüvelykes cheddar csíkot.

g) Helyezze előmelegített 375 fokos sütőbe körülbelül 4-6 percre, vagy amíg a sajt megolvad.

h) Vegyük ki, hagyjuk kihűlni, és élvezzük.

75. Serpenyőben sült morzsa

Hozzávalók:

- egy adag Morel felezve, megtisztítva és beáztatva
- 2 csésze kukoricadara
- $\frac{1}{4}$ tej
- 1 vidéki tojás
- 1 csésze bacon zsír
- 1 evőkanál fekete bors

Útvonal:

a) Egy széles, sekély tálban: keverj össze 1 ország tojást 1/4 c. tej

b) Vastag papírzacskóban: adjunk hozzá 2 c. kukoricadara 1 t. fekete bors keverve.

c) Egy mély, jól fűszerezett öntöttvas serpenyőben olvasszuk fel a szalonnazsírt 1 hüvelyk mélységben.

d) Legyen jó és meleg, de ne dohányozzon.

e) Most mártsa bele a gombát a tej-tojás keverékbe, és hagyja ázni egy kicsit, amíg a zsír melegszik.

f) Vegyünk ki egy maréknyit a tálból, és rázzuk meg egy kicsit, hogy a folyadékfelesleg egy része lejöjjön, majd dobja bele a kukoricalisztes zacskóba.

g) Tartsa a kezét a táska alján, hogy ne törjön el, és finoman rázza meg.

h) Adjunk hozzá több gombát, minden hozzáadás után óvatosan rázzuk össze.

i) Amikor mindegyik nagyon jól be van vonva, kezdje el egy rétegben fektetni őket a forró serpenyőbe.

j) Próbálja csak egyszer megfordítani őket, így a bevonat jobban megmarad.

PORCINI GOMBA

76.   Vargányával dörzsölt steakek

2-t szolgál ki

Hozzávalók:

- 2 evőkanál cukor
- 1 evőkanál só
- 5 gerezd fokhagyma, apróra vágva
- 1 evőkanál csípős pirospaprika pehely
- 1 evőkanál fekete bors
- 30 g száraz vargánya finomra őrölve
- 60 ml olívaolaj, plusz a csepegtetéshez
- 1 x 600-800 g rib-eye steak, 4 cm vastagra vágva
- Balzsamecet, csurgatáshoz

Útvonal:

a) Egy kis tálban keverje össze a cukrot, a sót, a fokhagymát, a pirospaprika pelyhet, a borsot, a gombaport és az olívaolajat, majd jól keverje össze, hogy sűrű, meglehetősen száraz masszát kapjon. Dörzsölje be a masszával a steak egészét, egyenletesen vonja be. Csomagolja be fóliába, majd hűtse 12 órára vagy egy éjszakára.

b) Melegíts fel egy serpenyőt. Vegyük ki a steaket a hűtőből, ecsettel lemossuk róla a felesleges pácot. Közepes-magas lángon 20-25 percig főzzük, 6 percenként megfordítva, hogy közepesen ritka legyen.

c) Hagyja a steaket 10 percig pihenni, majd szeletelje fel a gabonához képest. Meglocsoljuk olívaolajjal és balzsamecettel, és tálaljuk.

77.   Szójával pácolt gomba

Hozzávalók:

- 400 ml tej
- 50 g vaj
- 50 g kukoricadara vagy sárga polenta
- 40 g crème fraiche
- 75 g parmezán sajt reszelve, plusz tálaláshoz
- Só és fekete bors
- 4-6 sertés- vagy vaddisznókolbász

A szójával ecetes gombához

- 50 ml növényi olaj
- 1 kis hagyma, felkockázva
- 2 gerezd fokhagyma, összetörve
- 400 g vegyes erdei gomba
- 60 ml világos szójaszósz
- 60 ml víz
- 3 újhagyma, finomra vágva
- 4 evőkanál lapos petrezselyem, apróra vágva

Útvonal:

a) A gríz elkészítéséhez a tejet és a vajat egy közepes lábosban felforraljuk.

b) Hozzáadjuk a grízt vagy a polentát, és folyamatos keverés mellett 3 percig főzzük. Levesszük a tűzről, és hagyjuk kicsit hűlni.

c) Keverje hozzá a crème fraiche-t és a parmezánt, fűszerezze, fedje le és tartsa melegen.

78.   Gomba calzone

2-t szolgál ki

Hozzávalók:

A pizzatésztához

- 115 ml langyos víz
- 1 teáskanál gyorshatású szárított élesztő
- 200 g erős fehér liszt
- ½ teáskanál só

A töltelékhez

- 200 g bivaly mozzarella, lecsepegtetve és felkockázva
- Extra szűz olívaolaj
- 1 gerezd fokhagyma, finomra vágva
- 1 teáskanál szárított chili pehely (elhagyható)
- 225 g vegyes gomba, megtisztítva, meghámozva és 1 cm-es kockákra vágva
- Só és fekete bors
- ½ evőkanál citromos kakukkfű levél
- 3 evőkanál parmezán, finomra reszelve

Útvonal:

a) A tészta elkészítéséhez tegyünk 2 evőkanál langyos vizet egy kis tálba. Felszórjuk az élesztőt a vízbe, és ujjunkkal óvatosan elkeverjük. Mérjük ki a lisztet egy nagy keverőtálba. Miután az élesztő feloldódott és habosnak tűnik, alaposan keverjük össze.

b) Adjunk hozzá 1 evőkanál lisztet és keverjük addig, amíg sima masszát nem kapunk. 30 percig kelni hagyjuk. Felbolyhosodik és megduplázódik a térfogata.

c) A maradék liszthez keverjük a sót. Öntsük bele az élesztős keveréket. Adjon hozzá 115 ml langyos vizet az üres élesztőtálba, majd öntse bele a keverékbe. Kézzel addig keverjük, amíg tésztát nem kapunk, majd tiszta felületre borítjuk. 10 percig dagasztjuk.

d) Ha a tészta selymesen sima és rugalmas, két egyenlő golyóra osztjuk. Lisztezett tepsire tesszük, és tiszta konyharuhával letakarjuk. Hagyja meleg, huzatmentes helyen 2 órán át, vagy amíg a duplájára nem nő.

e) Helyezzen egy tepsit a sütő közepére, majd melegítse elő 230C/450C/8-as gázjelzésre.

f) A mozzarellát csepegtessük le és szárítsuk meg. 1 cm-es kockákra vágjuk, és szűrőedénybe tesszük. Óvatosan nyomja meg, hogy a felesleges nedvesség egy része felszabaduljon.

g) Tegyünk egy serpenyőt közepesen magas lángra. Adjunk hozzá 3 evőkanál olívaolajat, majd a fokhagymát és a chilit, ha használunk. Amint sercegni kezd, hozzáadjuk a felkockázott gombát.

h) Fűszerezzük, és kevergetve gyorsan sütjük 3 percig, vagy amíg a folyadék nagy részét ki nem engedi. Keverjük hozzá a citromos kakukkfüvet, és öntsük egy tálba. Ha kihűlt, belekeverjük a parmezánt.

i) Nyújtsa ki a pizzatésztát két körülbelül 20 cm átmérőjű korongra. A gombát minden tésztakorong felére szétterítjük, ügyelve arra, hogy ne takarja el a megemelt szélét.

j) A gombára szórjuk a kockára vágott mozzarellát. A tészta fedetlen felét a töltelékre hajtjuk. Préselje meg a széleit, hogy ne tudjon kifolyni a lé.

k) Süssük 10 percig, vagy amíg a calzone felpuffad, ropogósra és aranybarnára nem válik. Tálalás előtt megkenjük kevés olívaolajjal.

79.   Spárga és morzsa vinaigrette-ben

Kitermelés: 4 adag

Hozzávalók:
- 32 spárgalándzsa
- ½ font Friss morels; felezve, megtisztítva és levágva
- ¼ uncia Szárított vargánya
- 1 csésze csirke alaplé vagy víz
- ¼ csésze balzsamecet

Útvonal:
a) Vágja le és blansírozza puhára a spárgát, és állítsa le a főzést hideg vízbe merítéssel. Drain és tartalék. Áztassuk a vargányát alaplében vagy vízben. Forraljuk fel, és csökkentsük a térfogatot ¼ csészére. Szűrd le. Turmixgépben keverjük össze a balzsamecetet és a gombaáztató vizet.

b) Emulgeáljuk az olajat az alaphoz, és ízesítsük sóval és borssal. A spárgát 1 percig pároljuk, hogy felmelegedjen, és meleg tányérokra helyezzük.

c) A morzsákat vajban addig pároljuk, amíg ki nem engedi a levét. Növelje a hőt és párolja 2-3 percig. Dobj bele morzsát⅔a vinaigrette-ből. Oszd szét a lándzsák között, és mindegyik köré csepegtess egy kis vinaigrettet.

80. Kéksajt és erdei gomba

Kitermelés: 3 adag

Hozzávalók:
- 1 evőkanál sótlan vaj
- 1 evőkanál olívaolaj
- 3 spanyol hagyma; vékonyra szeletelve
- 1 teáskanál cukor
- 3 evőkanál olívaolaj
- 1 font válogatott erdei gomba (portobello; shiitake rókagomba, vargánya)
- Só és frissen őrölt bors
- ½ csésze friss mozzarella
- 1 csésze morzsolt kéksajt
- 1 laposkenyér

Útvonal:
a) Egy közepes serpenyőben felhevítjük a vajat és az olívaolajat. Hozzáadjuk a hagymát és a cukrot, és lassan puhára és karamellizálva főzzük. Egy nagy serpenyőben nagy lángon felhevítjük az olívaolajat. Adjuk hozzá a gombát, és pirítsuk aranybarnára és pirítsuk meg.

b) Ízlés szerint sózzuk, borsozzuk. A grillt előmelegítjük. A tésztát elsimítjuk, bőségesen megkenjük olívaolajjal, és rácsra tesszük.

c) Egyik oldalát aranybarnára sütjük, megfordítjuk, megkenjük a mozzarellával, hagymával, gombával és kéksajttal.

GESZTENYEGOMBÁK

81.   Gombás és póréhagymás kenyérpuding

8-10

Hozzávalók:

- 400 g kenyérkocka, kéreg eltávolítása
- 2 evőkanál olívaolaj
- 1 evőkanál sótlan vaj
- 50 g pancetta apróra vágva
- 4 póréhagyma, fehér és zöld részek, szeletelve
- 1,2 kg gesztenyegomba, szeletelve
- 1 evőkanál friss tárkonylevél apróra vágva
- 30 ml közepes vagy száraz sherry
- Só és fekete bors
- Egy kis marék lapos petrezselyem, apróra vágva
- 4 nagy tojás
- 600 ml dupla tejszín
- 250 ml csirke alaplé
- 170 g gruyere, reszelve

Útvonalak:

a) Melegítsük elő a sütőt 180C/350F/gáz jelzés 4-re. Terítsük ki a kenyeret egy tepsire, és süssük 20 percig, amíg enyhén megpirul. Félretesz, mellőz.

b) Az olajat és a vajat közepes lángon felhevítjük. Hozzáadjuk a pancettát és 5 percig pirítjuk, hozzáadjuk a póréhagymát és puhára főzzük. Adjunk hozzá gombát, tárkonyt, sherryt, 1 evőkanál sót és $1\frac{1}{2}$ teáskanál borsot, és főzzük 10-12 percig, amíg a folyadék nagy része elpárolog, időnként megkeverve. Vegyük le a tűzről, majd keverjük hozzá a petrezselymet.

c) Egy nagy keverőtálban habosra keverjük a tojást, a tejszínt, a csirkealaplét és$\frac{2}{3}$a gruyere-től. Adjuk hozzá a kenyeret és a gombás keveréket, jól keverjük össze. Tedd félre 30 percre.

d) Jól elkeverjük és egy nagy tepsibe öntjük. Megszórjuk a maradék gruyere-vel, és 45-50 percig sütjük, amíg a teteje megpirul.

e) Forrón tálaljuk.

82.   Gesztenye és erdei gomba

Kitermelés: 4 adag

Hozzávalók:
- 2 evőkanál olívaolaj
- 1 gerezd fokhagyma, finomra vágva
- 8 uncia Shiitake gomba, vágva és szeletelve
- 15 uncia lecsepegtetett konzerv gesztenye vízbe csomagolva
- Só és frissen őrölt fekete bors

Útvonalak:
a) Egy serpenyőben felforrósítjuk az olívaolajat, és lassan hagyjuk, hogy a fokhagyma megbarnuljon. A Shiitake-t puhára pároljuk (szükség esetén adjunk hozzá egy kanál vizet, hogy ne égjenek meg).
b) Hozzáadjuk a gesztenyét és megpirítjuk, hogy felforrósodjon, és jól ízesítjük sóval és sok őrölt fekete borssal
c) Kitermelés: 4-6 adag

83.   Rogán gomba

4-et szolgál ki
Hozzávalók:
- 2-4 szárított chili
- 6 evőkanál növényi olaj
- 4 szegfűszeg
- 6 db zöld kardamom hüvely
- 2 db fekete kardamom hüvely
- 5 cm-es fahéjrúd
- 1 buzogánypenge
- 10 szem fekete bors
- 2 kis hagyma, apróra vágva
- 2 nagy paradicsom, negyedelve
- 2 evőkanál joghurt
- 5 gerezd fokhagyma, meghámozva
- 20 g hámozott gyömbér gyökér
- 2 teáskanál őrölt koriander
- ¾ teáskanál őrölt kömény
- ⅓ teáskanál kurkuma
- ¾ teáskanál garam masala, vagy ízlés szerint
- Só ízlés szerint
- 30 g sótlan vaj
- 500 g válogatott gomba, például shiitake, gesztenye és osztriga
- Egy marék korianderlevél apróra vágva

Útvonalak:
a) A szárított chilipaprikát száraz serpenyőben süssük, amíg kissé megsötétül, gyakran rázzuk. Törjük félbe, és rázzuk ki a magokat, majd őröljük porrá. Melegíts fel 4 evőkanál olajat egy nagy, tapadásmentes serpenyőben.
b) Adjuk hozzá az egész fűszereket, és pirítsuk 10 másodpercig. Hozzáadjuk a hagymát, és addig sütjük, amíg a szélei jól megpirulnak.

c) Közben turmixold simára a paradicsomot, a joghurtot, a fokhagymát és a gyömbért. Adjuk hozzá a hagymához az őrölt fűszerekkel és egy kis sóval.

d) Időnként megkeverve addig főzzük, amíg a masala teljesen meg nem puhul, és olajcseppeket enged vissza a serpenyőbe. Folytassa a főzést, gyakran kevergetve, nagy lángon 4-5 percig. Adjunk hozzá 350 ml vizet, forraljuk fel, pároljuk 3-4 percig, majd tartsuk melegen.

e) Egy nagy serpenyőben hevíts fel 1 evőkanál olajat és a vaj felét. Hozzáadjuk a gomba felét, megszórjuk egy csipet sóval, és öt percig pirítjuk, amíg a széle karamellizálódik. Ismételje meg a maradék olajjal, vajjal és gombával. Öntsük a szószba, keverjük jól össze, majd állítsuk be a fűszerezést.

f) Ha szükséges, adjunk hozzá egy kis vizet – a szósz legyen sűrű, de nem túl tapadós. 3-4 percig pároljuk, majd korianderrel megszórva tálaljuk.

CREMINI

84. Crimini gomba Crostini

24-es lesz

Hozzávalók:

Crostini

- 16 unciás bagett, átlósan 24 darabra szeletelve
- 2 evőkanál olívaolaj vagy szükség szerint több
- 1 nagy gerezd fokhagyma, meghámozva, félbevágva

Gomba

- 1 evőkanál olívaolaj
- 1 nagy medvehagyma, meghámozva, ledarálva
- 3/4 kiló kis krimini gomba, tisztára törölve, vékonyra szeletelve
- 2 evőkanál darált friss rozmaring
- 2 evőkanál darált friss zsálya
- Rozmaring gallyak a díszítéshez opcionális

Útvonalak:

a) A crostini elkészítése: A brojlert előmelegítjük. Helyezze a baguette szeleteket egy brojler serpenyőre.

b) Minden szeletet megkenünk egy kevés olívaolajjal, és bedörzsöljük a fokhagyma vágott oldalával. Helyezzük a broiler alá, és süssük addig, amíg kissé megpirul és ropogós nem lesz.

c) Kivesszük a broilerből, és félretesszük hűlni.

85.　Crimini és sárgarépa pác

10-et szolgál ki

Hozzávalók:

- 8 uncia krimini gomba
- 1 csésze víz
- 1/2 teáskanál só
- 8 uncia kis sárgarépát, vágja le a tetejét és dörzsölje tisztára
- 12 uncia articsóka, felezve
- Öltözködés:
- 1/4 csésze olívaolaj
- 1/4 csésze balzsamecet
- 2 teáskanál friss kapor
- 1/4 teáskanál só
- 1/4 teáskanál bors
- 1/2 csésze sült pirospaprika, juliened

Útvonalak:

a) Egy nagy serpenyőben keverje össze a gombát, a vizet és a 1/2 teáskanál sót. Forraljuk fel és csökkentsük a hőt. Fedjük le és pároljuk pár percig. Adjunk hozzá sárgarépát és forraljuk vissza. Csökkentse a hőt, és lefedve főzzük még 2 percig. A zöldségeket lecsepegtetjük és lehűtjük, és összekeverjük az articsóka szívével.

b) Egy turmixgépben vagy tégelyben keverjük össze az olívaolajat, az ecetet, a kaprot, a sót és a borsot, és jól rázzuk össze. Ráöntjük a zöldségekre és bevonjuk. Hűtsük le, amíg kihűl, legfeljebb 2 napig. Tálalás előtt szobahőmérsékletre hozzuk. Pirospaprika csíkokkal és kaporral díszítjük.

86.   Gomba "Risotto" fetával

4-et szolgál ki

Hozzávalók:

- 2 evőkanál olívaolaj
- 1 kiló szeletelt krimini gomba
- 1-1/4 csésze (8 oz.) orzo tészta
- 1 doboz 14-1/2 uncia olasz stílusú párolt paradicsom
- 1 doboz 13-3/4 uncia csirkeleves
- 1/4 csésze morzsolt bazsalikommal és paradicsommal ízesített feta sajt

Útvonalak:

a) Egy nagy serpenyőben hevítsük az olajat forróra. Hozzáadjuk a gombát, és addig főzzük, amíg megpuhul, és levét el nem enged. Keverje hozzá az orzót, a paradicsomot, a csirkelevest és 1/2 csésze vizet.

b) Lefedve, időnként megkeverve pároljuk, amíg az orzo megpuhul és a legtöbb folyadék felszívódik. Belekeverjük a feta sajtot és tálaljuk.

87.   Gombás rétes

6-ot szolgál ki

Hozzávalók:

- 2 medvehagyma, apróra vágva
- 1/2 csésze fehérbor
- 8 oz. krimini, szeletelve
- 8 oz. shiitake, szeletelve
- 1 1/2 csésze nehéz tejszín
- 1/2 teáskanál kakukkfű, frissen
- Só és fekete bors ízlés szerint
- 1 tojás, felvert
- 12 db 4 hüvelykes leveles tészta négyzet

Útvonalak:

a) A gombát és a medvehagymát addig főzzük a borban, amíg a bor el nem párolog. Adjunk hozzá tejszínt, kakukkfüvet és sózzuk, borsozzuk.

b) Csökkentsük felére, és hűtsük pár órára, vagy amíg a krém megdermed. 1 kerek teáskanál gombás keveréket kanalazunk a tésztába, hajtsuk össze és kenjük le tojássárgájával.

c) Sütőben körülbelül 8-12 percig sütjük, vagy amíg aranybarna nem lesz. A maradék gombás keveréket felmelegítjük és rétessel tálaljuk.

88.   Gombaleves krémes

2-t szolgál ki

Hozzávalók:

- 2 evőkanál vaj
- 1 (6 oz. csomag) krimini gomba
- 2 közepes-nagy darált medvehagyma
- 1/4 teáskanál magyar paprika
- 1 evőkanál liszt
- 1 csésze csirkehúsleves
- 1/2 teáskanál száraz kakukkfű, morzsolva
- 1/4 csésze tejszínhab
- 2 evőkanál tejföl vagy könnyű tejföl

Útvonalak:

a) A vajat, a medvehagymát felolvasztjuk és közepes lángon 5-10 percig pirítjuk, amíg meg nem pirul és megpuhul. A gombáknak folyadékot kell engedniük, ha elpárolgott, keverjük hozzá a paprikát.

b) Adjunk hozzá lisztet, és keverjük addig, amíg sima és besűrűsödik. Adjunk hozzá kakukkfüvet és pároljuk 10 percig. Belekeverjük a tejszínt és a tejfölt.

## 89.	Crimini gombás rakott

Hozzávalók:

- 3 font. Crimini gomba
- 1 csomag 16 oz. gyógynövény töltelék
- 3/4 lb éles sajt, reszelve
- 1 1/4 csésze fele és fele

Útvonalak:

a) A gombát felszeleteljük és rövid ideig blansírozzuk.

b) Kivajazzuk a 9x13"-os tepsit. A hozzávalókat a gombával, a sajttal, a töltelékkel kezdődően rétegezzük, majd ismételje meg a töltetet.

c) A tetejét ne kenjük meg vajjal. Sütés előtt fél-n-fele felét a rakottra öntjük. 350 fokon 30 percig sütjük.

90.   Linguine gombával és szósszal

Hozzávalók:

- 8 oz. nyers linguine
- 2 evőkanál olívaolaj
- 1 csésze szeletelt hagyma
- 1 font friss krimini gomba
- 1 teáskanál darált fokhagyma
- 1 üveg (7 oz.) pirított piros kaliforniai paprika, lecsepegtetve és apróra vágva
- 1/4 teáskanál só
- 1/8 teáskanál fekete bors
- 1 1/2 csésze kruton (cézár vagy olasz ízű)
- 1/3 csésze parmezán sajt

Útvonalak:

a) A tésztát készre főzzük. Lecsepegtetjük és 1/2 csésze folyadékot megtakarítunk. Helyezze a tésztát egy nagy tálba. Egy nagy serpenyőben, közepesen melegítsük fel az olívaolajat, amíg forró.

b) Hozzáadjuk a hagymát és enyhén puhára főzzük. Adjuk hozzá a gombát és főzzük puhára - körülbelül 5 percig.

c) Belekeverjük a paprikát, ízlés szerint sózzuk, borsozzuk. Adjuk hozzá a többi vizet, öntsük rá a linguine-t. Hozzákeverjük a krutont, sajtot és tálaljuk.

91. Gombás spenótos tészta

4 adag

Hozzávalók:
- 3 evőkanál (45 ml) extra szűz olívaolaj
- ½ csésze vékonyra szeletelt medvehagyma vagy lilahagyma, körülbelül 1 nagy vagy 2 közepes
- kóser só
- 10 uncia (275 g) fehér gomba, vaskos darabokra vágva
- 8 uncia (225 g) portobello gomba sapka, szeletelve
- 2 gerezd fokhagyma, apróra vágva
- ½ teáskanál zúzott piros chili
- Frissen őrölt fekete bors ízlés szerint
- 8 uncia (225 g) szárított pappardelle vagy fettuccine tészta, vagy 1 kiló friss tészta
- ¼ csésze (60 ml) rozé vagy száraz fehérbor
- 3 evőkanál (45 g) vaj
- ¼ csésze reszelt parmezán sajt
- 5 uncia (150 g) babaspenótlevél

Útvonalak:
a) Forraljunk fel egy nagy fazék sós vizet.
b) Helyezzen egy nagy (12 hüvelykes) serpenyőt közepes lángra. Adja hozzá az olívaolajat és a medvehagymát a serpenyőbe ½ teáskanál kóser sóval együtt. Főzzük, amíg a medvehagyma megpuhul, gyakran kevergetve, körülbelül 5 percig.
c) Adja hozzá a gombát a serpenyőhöz egy rétegben. Zavartalanul főzzük 5 percig, majd szórjuk meg ½ teáskanál sóval, és keverjük körbe a medvehagymával. Keverjük hozzá a fokhagymát, a chilit és a fekete borsot, és főzzük tovább 5 percig, vagy amíg megpuhulnak és kiengedik a levét.

d) Amíg a gomba fő, a tésztát a forrásban lévő vízhez adjuk, és a csomagoláson lévő utasítások szerint főzzük. Csatorna.

e) A gomba alatti hőt közepesre emeljük, és felöntjük a borral. Hagyjuk buborékolni, és főzzük 2 percig. Keverje hozzá a vajat, amíg el nem olvad. Vegyük le a serpenyőt a tűzről, és adjunk hozzá $\frac{1}{4}$ csésze sajtot és spenótot. Addig keverjük, amíg a levelek megfonnyadnak.

f) Adjuk hozzá a kifőtt tésztát a serpenyőbe, és óvatosan forgassuk össze a szósszal. Tálaljuk tálakba, sajttal megszórva a tésztát. Öntsön egy pohár bort és élvezze!

PORTOBELLO

92.　　　Portobello gombaleves

6-ot szolgál ki

Hozzávalók:

- 300 ml egyszínű krém
- 1 liter tej
- 200 ml hideg víz
- 1 nagy hagyma, felkockázva
- 50 g vaj
- Só
- 250 g portobello gomba finomra szeletelve
- 100 g gomba finomra szeletelve
- 50 ml sötét édes madeira bor
- 4 babérlevél
- 200 ml dupla tejszín
- Fekete bors
- 6 kis babérlevél, tálaláshoz

Útvonalak:

a) A tejszínt, a tejet és a vizet lassan felforraljuk egy nagy serpenyőben.

b) Közben a hagymát egy másik serpenyőben lassan megpirítjuk a vajjal, 2 babérlevéllel és egy kis sóval. Ha a hagyma áttetsző, hozzáadjuk a gombát, és nagyobb lángon addig főzzük, amíg a nedvesség elpárolog. Hozzáadjuk a madeira bort, és ragacsos mázra redukáljuk.

c) Öntsük hozzá a forrásban lévő tejszínes keveréket, jól keverjük össze és forraljuk vissza. Legfeljebb 5 percig főzzük, távolítsuk el a leveleket, majd turmixoljuk simára.

d) Ha egy éjszakán át babérlevéllel töltötte meg a dupla krémet, távolítsa el, mielőtt a tejszínt világos chantillyra verné – besűrűsödnie kell, és bosszúsan le kell esnie egy kanálról. Ellenkező esetben keverje hozzá a felaprított babérlevelet.

e) A levest egy kanál dupla tejszínnel, kevés borssal és egy kis babérlevéllel tálaljuk.

93.   Puffasztott gombás omlett

2-t szolgál ki

Hozzávalók:

- 20 g vaj
- 1 evőkanál olívaolaj
- 2 nagy gomba, finomra szeletelve
- 1 banán medvehagyma, vékonyra szeletelve
- 3 tojás
- 100 ml natúr joghurt
- 1 evőkanál bazsalikom, apróra vágva
- 1 evőkanál petrezselyem, apróra vágva
- ½ evőkanál metélőhagyma, apróra vágva

Útvonalak:

a) Egy nagy, fedős serpenyőben hevítsük fel a vajat és az olajat. A gombát ne túl gyakran kevergetve megsütjük, így színt kap.

b) Adjuk hozzá a medvehagymát és főzzük puhára. Csökkentse a hőt a lehető legkisebb lángra.

c) Keverjük össze a tojást és a joghurtot, majd ízesítsük egy csipet tengeri sóval és borssal. Elektromos habverővel (vagy kézzel erőteljesen) verjük nagyon habosra.

d) Öntsük a keveréket a serpenyőbe, adjuk hozzá a fűszernövényeket, és fedjük le.

e) Addig főzzük, amíg fel nem puffad és teljesen megpuhul.

94.   Sült portobellos román

Kitermelés: 4 adag

Hozzávalók:
- 6 uncia Portobello gomba
- ½ kiló spagetti
- Só, bors
- ½ csésze Kedvenc húsleves
- 1 csésze apróra vágott hagyma
- 1 csésze apróra vágott pirospaprika vagy padlizsán, vagy 1/2 csésze mindegyik
- 1 gerezd fokhagyma, darálva
- 2 evőkanál frissen darált petrezselyem
- 1 doboz (16 uncia) paradicsomszósz
- 1 teáskanál Vegetáriánus Worcestershire szósz
- ½ teáskanál szárított oregánó
- ¼ csésze reszelt zsírmentes parmezán sajt

Útvonalak:
a) A sütőt előmelegítjük, hogy megsüljön. Forraljunk fel egy nagy fazék vizet. A gombát megtisztítjuk, sóval, borssal ízesítjük, és mindkét oldalát néhány percig pirítjuk.

b) Közben a tésztát forrásban lévő vízben al dente főzzük. Vágja a gombát hosszú, körülbelül fél széles csíkokra. A tésztát lecsepegtetjük, enyhén Pammal meglocsolt rakott edénybe tesszük, majd gombával megszórjuk. Csökkentse a sütő hőmérsékletét 350 Fahrenheit-fokra.

c) Serpenyőben felforraljuk a húslevest.

d) A hagymát, a fokhagymát, a petrezselymet és a paprikát/padlizsánt pároljuk a húslében körülbelül öt percig. Adjuk hozzá a paradicsomszószt, a Worcestershire szószt és az oregánót, és főzzük még két percig. Ráöntjük a tésztára és a gombára. Megszórjuk sajttal.

e) Fedjük le és süssük körülbelül 30 percig.

95. Grillezett portobello steakek

Kitermelés: 1 adag

Hozzávalók:
- 4 nagy portobello gomba sapka
- Barbecue szósz
- $\frac{1}{2}$ teáskanál Só
- $\frac{1}{4}$ teáskanál Frissen őrölt bors

Útvonalak:
a) Készítse elő a grillt.
b) Törölje le a gomba sapkáját papírtörlővel; minden kupakot megkenünk 1 barbecue szósszal, és megszórjuk sóval és borssal.
c) Rendezzük el a gombát, kupakjával lefelé, grillre; sátor fóliával. Grill 3-5 percig közepesen alacsony szén felett. Távolítsa el a fóliát; minden gombát megkenünk 1 evőkanál szósszal. Forgasd meg a gombát, és kend meg egy másik 1 evőkanál szósszal.
d) Grillezzön még 3-5 percig, amíg megpuhul, amikor villával megszúrjuk. A maradék barbecue szósszal, igény szerint felmelegítve tálaljuk. 4 adagot készít.

96.   Reggeli portobellos shiitakes

Kitermelés: 4 adag

Hozzávalók:
- 4 közepes – nagy, friss portobello sapkákig, 4-6 hüvelyk átmérőjű; tisztítani
- 3 evőkanál olívaolaj
- 4 uncia Shiitake gomba; a szárakat eltávolítjuk, a sapkákat felszeleteljük
- ½ kis hagyma; finomra kockázva
- 1 csésze friss kukoricaszem
- ⅓ csésze Pirított fenyőmag
- ½ csésze sült, morzsolt szalonna (opcionális)
- Só
- 8 tojás

Útvonalak:
a) A sütőt előmelegítjük 400 fokra. Helyezze a portobello kupakokat kopoltyús oldalával felfelé egy nagy tepsibe, és süsse 5 percig. Közben egy nagy serpenyőben nagy lángon olajat hevítünk. Adjunk hozzá shiitaket, hagymát és kukoricát; 3-4 percig pároljuk, amíg a gomba megpuhul, a kukorica megpuhul. Adjunk hozzá fenyőmagot és szalonnát, ha használunk, és jól keverjük össze. Ügyeljen arra, hogy jól fűszerezze.
b) Vegye ki a gombát a sütőből, és egyenletesen ossza el a shiitake keveréket 4 kupak simítófelület között. Ügyeljen arra, hogy a kupakok a lehető leglaposabbak legyenek, hogy a tojás ne csússzon félre sütés közben. Minden gomba tetejére törj fel 2 tojást.
c) Enyhén megsózzuk a tojásokat, és visszatesszük a sütőbe. Addig sütjük, amíg a tojás ízlésünk szerint meg nem sül, majd azonnal tálaljuk.

97.   Csirke madeira portobelloval

Kitermelés: 1 adag

Hozzávalók:
- 4 nagy Kicsontozott csirkemell fél
- 8 uncia Portobellos; vastagon szeletelve
- 1 csésze univerzális liszt
- 2 evőkanál vaj
- 2 evőkanál olívaolaj
- Só és frissen őrölt bors ízlés szerint
- 1 evőkanál friss olasz petrezselyem vagy bazsalikom; darált
- Friss olasz petrezselyem vagy bazsalikom forrásai
- $\frac{1}{2}$ csésze száraz madeirai bor
- $\frac{1}{2}$ csésze csirkehúsleves

Útvonalak:
a) Helyezze a csirkemelleket egyenként 2 viaszpapír közé. A csirkedarabokat azzal az oldalával, amelyről eltávolítottuk a bőrt, fektessük viaszos papírra, és egy kalapáccsal finoman lapítsuk el.
b) Simítsa őket körülbelül $\frac{1}{4}$ hüvelyk vastagságúra. A csirke ütésének két célja van; 1) hogy nagyobb legyen a mell, és ami a legfontosabb 2) legyen egyenletes vastagság, így a főzési idő egyenletes lesz.
c) Keverje össze a lisztet, sót és borsot egy tiszta viaszpapíron. Minden csirkemellet bekenünk fűszerezett liszttel; az egyik végével emeljük fel, és óvatosan rázzuk le róla a felesleges lisztet. Helyezzen minden leporolt csirkedarabot egy másik viaszpapírra, és ne engedje, hogy átfedjék egymást.
d) Olvassz fel 2 teáskanál vajat és 2 teáskanál olívaolajat egy nagy, mély, tapadásmentes serpenyőben. Amikor a vaj és az olaj felforrósodott (pezseg), hozzáadjuk a gombát. Nagy lángon addig pároljuk, amíg a gombák enyhén

megpirulnak és megpuhulnak, és az összes folyadék elpárolog. Vegye ki a gombát a serpenyőből, és tegye félre.

e) A gombát sóval, borssal, petrezselyemmel vagy bazsalikommal ízesítjük. Tegye vissza a serpenyőt közepesen magas hőre. Adjuk hozzá a maradék vajat és olívaolajat. Tegye a csirkét a serpenyőbe, és először a hámozott oldalát süsse meg.

f) A csirkemelleket mindkét oldalán 2-3 percig pirítjuk. Ne főzzük túl. Tegye a csirkét egy nagy tálra, és fedje le alufóliával. VAGY A megsült csirkemelleket meleg sütőben (150-200 fokon) is tarthatjuk nagy tálon.

g) Amikor az összes csirkemell megpirult, öntsük le a felesleges zsírt a serpenyőről, és csak néhány csepp maradjon a serpenyőben. Öntsük hozzá a bort és a csirkehúslevest, majd közepes lángon kaparjuk ki az edény alját, lazítsuk el az aljára tapadt részecskéket, és oldjuk fel a folyadékban. VAGY A serpenyőt hagyományosabb módon is máztalaníthatja. Adjunk hozzá bort a serpenyőbe, és nagy lángon pároljuk, amíg térfogata felére csökken, körülbelül 2-3 percig.

h) Hozzáadjuk a csirkelevest, és nagy lángon addig pároljuk, amíg térfogata felére csökken, körülbelül 1 percig.

i) Tegye vissza a portobellokat a serpenyőbe. Kóstoljuk meg, és ha szükséges, fűszerezzük. Kanál szószt a csirkére. Szolgál.

j) A csirkét friss olasz petrezselyemmel vagy bazsalikommal díszített tálon tálaljuk, attól függően, hogy melyik fűszernövényt választjuk az ételhez.

98.　　　Padlizsán és portobello lasagna

Kitermelés: 1 adag

Hozzávalók:

- 1 font szilva paradicsom; negyedelve
- 1½ csésze durvára vágott édesköményhagyma
- 1 evőkanál olívaolaj
- Tapadásmentes növényi olaj spray
- 4 nagy japán padlizsán; nyírva, mindegyiket hosszában négyfelé vágva
- ⅓Hüvelyk vastag szeletek
- 3 közepes portobello gomba; szárát levágjuk, kalapjait felszeleteljük
- 1 evőkanál rizsecet
- 3 csésze spenótlevél; leöblítve
- 4 Vékony szelet zsírszegény mozzarella sajt
- 2 sült piros kaliforniai paprika üvegből; lecsepegtetjük, 1/2 hüvelyk széles csíkokra vágjuk
- 8 nagy bazsalikomlevél

Útvonalak:

a) Ezeket az egyedi növényi terrineket már egy nappal előre össze lehet állítani.

b) Melegítse elő a sütőt 400°F-ra. Rendezzük el a paradicsomot és az édesköményt egy 13 x 9 x 2 hüvelykes üveg tepsiben. Csöpögtess rá olajat; dobd össze turmixolni. Süssük addig, amíg az édeskömény megpuhul és barnulni kezd, körülbelül 45 percig. Menő.

c) Permetezzen be 2 tapadásmentes sütőlapot növényi olajspray-vel. A padlizsán- és gombaszeleteket az előkészített lapokra helyezzük. Süssük, amíg a zöldségek megpuhulnak, körülbelül 30 percig a padlizsánszeleteknél és 40 percig a gombánál. A paradicsomkeveréket feldolgozógépben pürésítjük. Tedd át a tál feletti szűrőbe. Nyomja meg a szilárd anyagokat a folyadék kivonásához; dobja ki a szilárd anyagokat. Keverje hozzá az ecetet a folyadékhoz. A vinaigrettet sóval és borssal ízesítjük.

d) Keverje össze a spenótot egy nagy, tapadásmentes serpenyőben közepesen magas lángon, amíg megfonnyad, körülbelül 1 percig. Vegyük le a tűzről.

e) Melegítse elő a sütőt 350 °F-ra. Permetezzen be négy $1\frac{1}{4}$-es pudingos edényt növényi olajspray-vel. Béleljen ki minden edényt 2 padlizsánszelettel keresztben.

f) Sózzuk, borsozzuk. Mindegyik tetejére tegyen $\frac{1}{4}$ spenótot. Mindegyik tetejére tegyünk 1 mozzarella szeletet. Rendezzük rá a paprikacsíkokat, majd a bazsalikomot és a gombát.

g) A tetejére a maradék padlizsán szeleteket, vágjuk, hogy illeszkedjen. Sózzuk, borsozzuk. Fedjük le minden edényt fóliával. (A vinaigrettet és a lasagnákat 1 nappal korábban is elkészíthetjük. Fedjük le külön; hűtsük le.) A lasagnákat nagyon puhára sütjük, körülbelül 25 perc alatt. Távolítsa el a fóliát. Kis késsel körbevágjuk a zöldségeket, hogy meglazuljanak. Fordítsuk tányérokra. Rákanalazzuk a vinaigrettet.

99.   Gombás steak szendvics és pesto

4. SZOLGÁLT

Hozzávalók:
- 2 csésze fagyasztott Birds Eye Garden Peas
- 1 csésze baba rakétalevél
- 1 kis gerezd fokhagyma, meghámozva
- $\frac{1}{4}$ csésze finomra reszelt parmezán sajt
- $\frac{1}{4}$ csésze fenyőmag, pirítva
- 3 evőkanál extra szűz olívaolaj
- 4 portobello gomba
- 4 szelet kovászos kenyér, pirítva
- Vízitorma és borotvált retek, tálaláshoz

Útvonalak:

a) A főtt Birds Eye Peast leszűrjük, és fél csésze borsót tegyünk félre. Tegye a maradék borsót, a fokhagymát, a parmezánt, a fenyőmagot és a 2 evőkanál olajat egy konyhai robotgépbe, és dolgozza pürésítésig. Ízlés szerint fűszerezzük. Keverje össze a fenntartott borsót a borsópestóval.

b) A gombát sütőpapírral bélelt tepsire tesszük, és meglocsoljuk a maradék olajjal. Előmelegített grill alá helyezzük, és mindkét oldalát 2 percig sütjük, amíg enyhén megpirul.

c) Kenjük meg a borsó pesto-t a kenyérre, tegyük a tetejére gombát, vízitormát és retket. Azonnal tálaljuk.

100.   Grillezett pizza Bianca portobellos

Kitermelés: 4 adag

Hozzávalók:
- 1 evőkanál Plus 1 teáskanál fokhagyma; darált
- Szűz oliva olaj
- 4 db 4"-es portobello gomba szárát eldobták
- 20 szelet padlizsán; 1/8" vastagra vágva
- 2 csésze Reszelt fontina sajt lazán csomagolva
- $\frac{3}{4}$ csésze parmezán sajt frissen reszelve
- $\frac{1}{2}$ csésze Gorgonzola sajt; összeomlott
- pizza tészta
- $\frac{1}{4}$ csésze lapos petrezselyem; apróra vágva

Útvonalak:
a) Készítsen keményfa faszén tüzet, és állítsa a grillrácsot 3-4 hüvelykkel a parázs fölé.
b) Egy tálban keverjük össze a fokhagymát $\frac{1}{4}$ csésze olívaolajjal. Bőségesen kenje meg az olajjal a gombát és a padlizsánt.
c) Egy másik tálban dobd össze a fontinát, a parmezánt és a gorgonzolát. Fedjük le és hűtsük le. Amikor fehér hamu kezd megjelenni a szénen, a tűz készen áll.
d) Grill a gomba sapkáját, amíg megpuhul és átsül, oldalanként körülbelül 4 percig. Grill a padlizsánszeleteket puhára, oldalanként körülbelül két percig. Vágja fel a gomba sapkáját $\frac{1}{2}$ hüvelyk vastagra, és tegye félre a padlizsánnal.
e) A pizzatésztát négy egyenlő részre osztjuk. Tartsa lefedve 3 darabot. Egy nagy, enyhén olajozott, perem nélküli tepsire terítsd ki és simítsd el a negyedik tésztadarabot a kezünkkel, hogy egy 12 hüvelykes szabad formát alkosson, körülbelül 1/16 hüvelyk vastagságú; ne csinálj ajkát.

f) Óvatosan terítse a tésztát a forró grillre, egy percen belül a tészta enyhén felpuffad, alja megkeményedik és grillnyomok jelennek meg.

g) Fogó segítségével azonnal fordítsa át a héjat egy felmelegített tepsire, és kenje meg olívaolajjal. A kevert sajtok egynegyedét, a petrezselymet és a grillezett zöldségeket szórjuk a tészta tetejére.

h) A pizzát meglocsoljuk olívaolajjal. Csúsztassa vissza a pizzát a forró szén felé, de ne közvetlenül a magas hőt kapott részek fölé; gyakran ellenőrizze az alsó oldalt, hogy nem szenesedik-e el. A pizza akkor kész, amikor a sajtok megolvadtak és a zöldségek átforrósodtak, 3-4 perc alatt.

i) A grillről levéve forrón tálaljuk a pizzát. Ismételje meg az eljárást a maradék pizzák elkészítéséhez.

KÖVETKEZTETÉS

A gombavilágban elérhető fajok, állagok és ízek sokfélesége hasonló a gyümölcsök változatosságához. Ezért furcsa azt gondolni, hogy mivel az ember nem szereti az egyik gombafajtát, nem szereti az összeset vagy akár minden olyan receptet, amely gombát tartalmaz.

A gombafajták széles választékát gyakran figyelmen kívül hagyják. Amikor az emberek a „gomba" szót hallják, gyakran az élelmiszerboltból származó White Button gombák jutnak eszébe, teljesen figyelmen kívül hagyva a vadon élő gombák világában elérhető aromák, ízek és textúrák sokszínűségét! Úgy gondolom, hogy ez a szakácskönyv a gombák új, változatos világába vezetett be, és tudom, hogy élvezni fogja a főzést ebből a könyvből!

Milton Keynes UK
Ingram Content Group UK Ltd.
UKHW021817121023
430461UK00015B/410